GUITARRACOUNTRY PARAINICIANTES

Um Método Completo para Aprender a Tocar Guitarra Country
no Estilo Tradicional e Moderno

LEVICLAY

FUNDAMENTALCHANGES

Guitarra Country Para Iniciantes

Um Método Completo para Aprender a Tocar Guitarra Country no Estilo Tradicional e Moderno

Por: LEVI CLAY

Tradução: Elton Viana

ISBN: 978-1-78933-103-5

Publicado por: **www.fundamental-changes.com**

www.fundamental-changes.com

Twitter: **@LeviClay88**
Mais de 10.000 curtidas no Facebook: **FundamentalChangesInGuitar**
Marque-nos no Instagram: **FundamentalChanges**

Para mais de 350 Aulas de Guitarra Gratuitas com Vídeos Acesse
www.fundamental-changes.com

Sumário

Introdução

Considerado por muitos como o som dos EUA, pesquisas indicam que não há nos EUA gênero mais popular do que o country. O Country and Western tem uma história muito rica, mas muitos o associam somente aos cowboys. No entanto, a realidade é que há muito mais no gênero do que isso.

Originada na década de 1920, a música country compartilha muitas similaridades com o blues. Nesse sentido, o country é uma fusão de estilos de outros continentes que criou raízes em uma nova localidade. Apesar de podermos pensar que o local de nascimento do gênero seja os Montes Apalaches, muitos afirmariam que ele fora, na realidade, concebido com base no som e na instrumentação do folk tradicional, de países como Irlanda e Escócia.

Após várias gerações no crisol de raças Apalachianas (onde a música era tocada socialmente para fins de entretenimento), os residentes começaram a mudar-se para o sul, para trabalhar em cidades como Atlanta, Georgia. Isso levou a música country ao ouvido de um público diferente: o empresariado. Foi naquele momento que a indústria fonográfica começaria a testar o potencial comercial da música country. No final dos anos 1920, os americanos conheceriam esses sons de música country, por meio de estórias de sucesso de Jimmie Rodgers e The Carter Family.

Nos anos 1930, a Grande Depressão causou uma queda vertiginosa nas vendas de discos. A solução para os amantes de música foi o renascimento do rádio, com o Grand Ole Opry entretendo qualquer um desejoso de escutá-lo. Graças à Hollywood, a ideia da balada de cowboy ficou famosa, com artistas como Roy Acuff, que teve hits com clássicos como Wabash Cannonball.

As coisas mudaram realmente nos anos 1940, quando o western swing estourou, com o grupo Bob Wills and his Texas Playboys, que possuía guitarra elétrica amplificada e até mesmo bateria. Isso agora pode soar banal, mas, naquela época, essas mudanças foram revolucionárias e desprezadas pelos puristas. Simultaneamente, houve um estouro na cena do bluegrass, quando a banda Bill Monroe and the Blue Grass Boys levou a música tradicional folk, sem amplificação, e a música gospel a um sucesso comercial novo.

A música country continuaria a crescer e subdividir-se em vários subgêneros, nos próximos 60 anos. Além disso, se tornaria o som por trás do rockabilly e, finalmente, do rock and roll. Das baladas de Hank Williams até o incrível sucesso de Johnny Cash... do som simples de Merle Travis até as sofisticações de Chet Atkins... da classe de Merle Haggard até a rebelião de Willie Nelson... do pop de Dolly Parton até o rock do The Allman Brothers... ou da tradição dos versos de Alan Jackson até a progressão de Carrie Underwood: sem dúvida, a música country é um gênero sobre o qual você poderia estudar bastante tempo até conhecê-lo, uma vez que ela está no DNA da música do século 20.

A guitarra country é fascinante e requererá muita dedicação e paixão, para que você consiga alcançar a maestria de Albert Lee ou dos licks de Brent Mason. Por outro lado, é muito fácil atingir um bom domínio do gênero, tocando músicas e solos típicos do estilo.

Eu realmente acredito que Scotty Anderson possa ser um dos guitarristas mais técnicos que já existiu, e você não deveria se surpreender ao ouvir o estilo de Jimmy Bryant, lá nos anos 50, muito antes das "fritadas" na guitarra aparecerem!

Se você quer adquirir técnica, persevere, mas lembre-se que os fundamentos de tempo, tom e consciência estilística são a base sobre as quais a técnica deve ser construída.

Guitarra Country Para Iniciantes é dividido em duas partes, que foram desenvolvidas para ajudar-lhe a desenvolver as habilidades necessárias, para que você se torne proficiente em muitos aspectos do gênero.

A Parte Um foca nos acordes e nas habilidades da guitarra rítmica. Ao desenvolver um bom *feeling* agora, você estabelecer-se-á firmemente no groove, quando estiver indo para cima e para baixo no braço da guitarra, com cascatas de cordas soltas e fortes *double-stops*. Lembre-se, a guitarra só começou a funcionar como instrumento principal no country muito mais tarde, após um maior desenvolvimento do gênero. É muito bom ser capaz de tocar Hot Wired (de fato, é impressionante!), mas talvez você precise saber tocar algo como: Hey Good Lookin' ou San Antonio Rose, quando necessário.

Assim que você tiver completado a Parte Um, você estará pronto para tocar qualquer coisa de Jimmie Rodgers, Hank Williams, Johnny Cash ou de outros ícones do gênero. Construir um senso desse estilo é essencial, se você quiser estudar músicas como Chet Atkins ou o grande Jerry Reed.

A Parte Dois leva-lhe através de tudo o que você precisa saber para tocar na guitarra os típicos solos de estilos mais antigos do country. Você estudará conceitos básicos de como fazer o *flat picking* e utilizar a *dedeira para polegar*... como ornamentar as partes do ritmo, com típicos riffs em *double-stops*...escalas em múltiplas tonalidades... o uso de tríades como guias dos solos... ideias com *bends*, intervalos diatônicos e arpejos. O objetivo é ensinar-lhe a tocar como guitarristas lendários, como: Roy Nichols, James Burton, Luther Perkins e Eldon Shamblin.

Talvez o seu objetivo final seja se tornar o próximo Danny Gatton ou o Johnny Hiland, no entanto nunca perca de vista as raízes. Esses músicos soam incríveis por uma razão, que é o entendimento de tudo aquilo que a música country é. Eles não soam como músicos de rock que aprenderam alguns clichês antigos de country.

Em certos momentos, essa jornada pode parecer difícil, mas, falando como alguém que começou relativamente tarde no country, eu posso dizer, com absoluta confiança, que as suas habilidades desenvolver-se-ão com o tempo. Comece devagar e certifique-se de que cada movimento seja calmo e calculado.

Lembre-se de um velho ditado: não pratique até que você acerte, pratique até que você não possa mais errar. Tenha persistência e, com repetições lentas, você certamente chegará aonde você quer.

A música não tem apenas a ver com para onde você está indo, também tem a ver com aproveitar a jornada.

Divirta-se,

Levi

Acesse os Áudios

Os arquivos de áudio deste livro estão disponíveis para download gratuitamente em **www.fundamental-changes.com**, e o link está no canto direito superior. Simplesmente selecione este título no menu e siga as instruções para ter acesso ao áudio.

Recomendamos que você baixe os arquivos diretamente no seu computador, não no seu tablet, e extraia-os lá antes de adicioná-los à sua biblioteca de mídia. Você pode colocá-los no seu tablet, iPod ou gravá-los em um CD.

Na página de download há um arquivo de ajuda em PDF, e também oferecemos suporte técnico.

Acompanhe-nos:

Para mais de 350 Aulas de Guitarra Gratuitas com Vídeos Acesse:

www.fundamental-changes.com

Twitter: **@LeviClay88**
Mais de 10.000 curtidas no Facebook: **FundamentalChangesInGuitar**
Marque-nos no Instagram: **FundamentalChanges**

Parte um: Acordes e Guitarra Rítmica

Nessa seção, revisaremos os voicings de acordes essenciais, que estão presentes em tudo, desde as baladas de cowboy até o western swing. Talvez você já conheça alguns desses acordes, mas não os pule, uma vez que tudo terá importância, quando você chegar ao final do capítulo. Aqui também há várias dicas de guitarra country, portanto fique atento! Quando você tiver revisado esses voicings, você verá como eles podem ser usados de diferentes maneiras na guitarra rítmica do country.

Essa seção abrange:

- Diagramas de acordes utilizáveis

- Dicas sobre mudança de acordes

- Exercícios para contagem de ritmo

- Progressões de acordes comuns

- Palhetada com "Baixo Alternado"

- Teoria sobre construção de acordes

- Voicings de acorde no estilo western swing

- Adicionando influências do jazz

- Inversões e aplicações

- Progressões de acordes no western swing

- Padrões modernos de palhetada

Após dominar essas habilidades, você estará preparado para estudar outras áreas mais a fundo. Além do desenvolvimento da habilidade na mão esquerda, você também desenvolverá as habilidades necessárias para tocar a guitarra solo.

Apesar de que talvez seja tentador pular algumas dessas seções, se você estiver num nível mais avançado, lembre-se que o seu senso de groove e de como manter-se no tempo pode *sempre* ser melhorado, e a forma mais eficiente de desenvolver as suas habilidades é selecionar uma boa parte rítmica e praticá-la por horas.

As habilidades na guitarra rítmica, que veremos na Parte Um, são as mais requeridas por cantores e bandas. Assim sendo, quando você tiver assimilado bem esses ritmos e acordes, tente tocar com um cantor ou cante a melodia você mesmo. O seu foco deve ser sempre a música, visto que, conforme você for tornando-se mais confortável com esses ritmos, você sentir-se-á livre para ouvir enquanto toca.

Garanto que você irá me agradecer depois!

Capítulo Um: Revisão dos Acordes de Country

Nesse momento, assumo que você já conhece acordes abertos básicos e algumas progressões de acordes simples. No entanto, *entender* de fato esses acordes é a chave para sucesso na guitarra country. Ignorar esse aspecto da música seria como construir uma casa sem uma fundação: ela pode parecer boa, mas pode desabar a qualquer momento.

Não seria um equívoco dizer que o conhecimento sobre acordes é a parte mais importante da guitarra country — não apenas como guitarrista rítmico, mas também como guitarrista solo.

Antes de começarmos, quero que você toque uma nota na sua guitarra, qualquer nota, e pergunte-se: "Será essa uma boa nota?".

A resposta é sempre: "Será mesmo?!".

Essa é uma questão que não faz qualquer sentido, pois uma nota isolada é nada, sem um contexto. Se eu tocar a nota A com o acorde de A, ela soará bem. Se eu tocar a mesma nota A com o acorde de F, ela soará bem também. Agora, se eu tocar a mesma nota com o acorde de G#, geralmente ela soará horrível! As distâncias entre essas notas são chamadas de intervalos.

A lição é que, na música, tudo está em intervalos. Até mesmo na tonalidade E, a nota E não soará bem com qualquer acorde. Alguns intervalos são agradáveis de escutar, e outros são um pouco menos.

É importante aprender esses acordes, porque esse conhecimento dará a você uma ideia sobre quais notas soarão bem, e quais não.

Primeiro, vamos abordar os cinco acordes maiores mais comuns na música country. Eles frequentemente aparecem em músicas nas tonalidades de C, G, D e até F.

Nesses diagramas iniciais, incluí a numeração dos dedos, para lhe mostrar como esses acordes são tocados. O n.º1 representa o indicador, o n.º2 representa o dedo médio e assim por diante.

Eu incluí essas digitações, visto que muitos guitarristas *não* montam o acorde de G maior na forma a seguir. Ela pode parecer desconfortável no início, mas funciona muito bem, quando combinada com o acorde de C maior.

A digitação do F maior é também uma grata surpresa para muitos estudantes, que estão acostumados com pestanas de seis cordas. E seria com essa "meia pestana" que Jimmie Rodgers teria tocado o acorde. Entender que é completamente aceitável tocar o acorde dessa forma será muito útil mais adiante, quando você estiver tocando voicings de acordes frequentes no estilo de Merle Travis ou Chet Atkins.

C Major

G Major

D Major

A Major

F Major

E Major

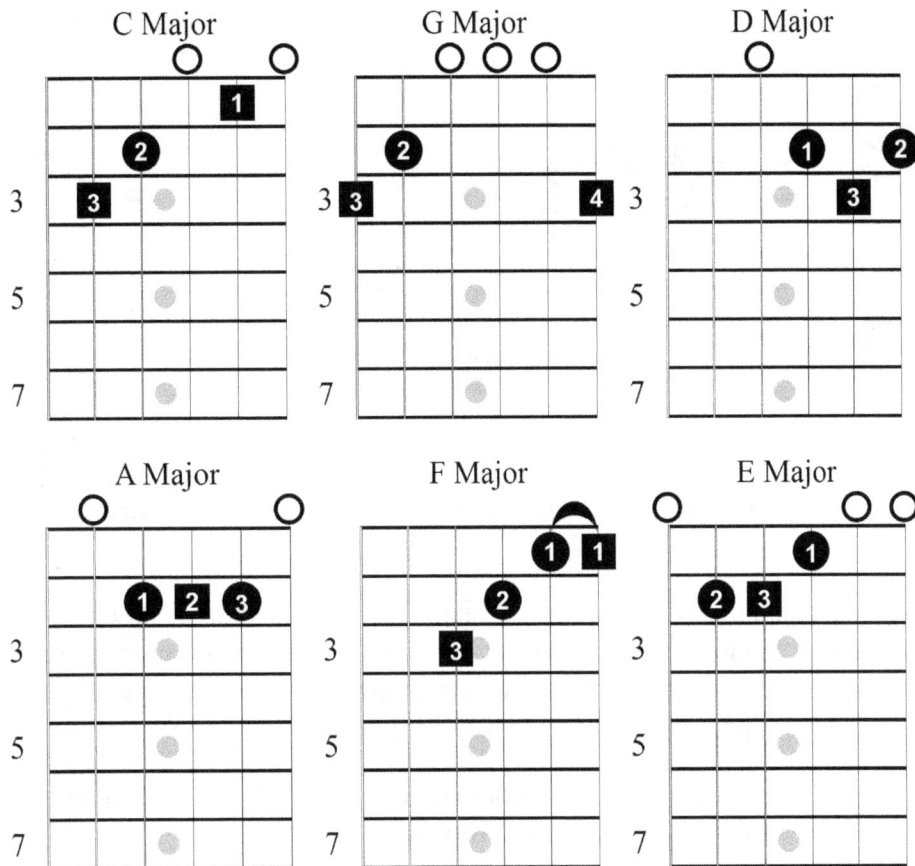

Se você combinar esses acordes em uma simples progressão, você será capaz de praticar tanto a habilidade de tempo, como de digitação.

O seu primeiro objetivo é mover os seus dedos, simultaneamente, de um acorde para o próximo, em vez de um dedo por vez, visto que isso pode resultar em um delay perceptível na mudança de acordes.

A única forma de dominar qualquer acorde é por meio da *memória muscular*, assim sendo, observe os diagramas anteriores e mentalize cada acorde como um todo, antes de colocar os dedos na guitarra. Pratique lentamente a formação de cada acorde a partir do zero. Retire a sua mão do braço da guitarra, monte o acorde, retire a mão novamente e repita o processo.

O tempo na música é dividido em compassos. Cada compasso da música contém quatro batidas, e, nos exemplos seguintes, cada acorde dura duas batidas. Conforme contarmos 1, 2, 3, 4, tocaremos um acorde nas batidas 1 e 3. A dica mais importante que posso lhe dar agora é que o braço direito deve ser usado como um contador de tempo, dessa forma, o seu braço se move para cima e para baixo a cada batida. Esse processo começa quando começo a contar com um metrônomo, logo a minha primeira palhetada tocará precisamente na batida 1.

Sempre toque nas batidas (1, 2, 3 e 4), com palhetadas para baixo. As notas que caírem entre as batidas serão tocadas com a palhetada para cima

Exemplo 1a:

Agora, veremos simples variações desses acordes que irão transformá-los de acordes *maiores* em acordes *dominantes*.

Aprenderemos a teoria disso quando discutirmos o western swing mais tarde, no entanto, nesse momento, é importante treinar os dedos e ouvidos, sem complicar a música com teoria. O mais importante é que você seja capaz de *ouvir* a diferença entre os acordes maiores e dominantes. Dessa forma, quando você for tocar acordes dominantes, tente descrever em palavras como eles *soam* pra você.

Não há respostas erradas! Esse exercício tem a ver com associar uma ideia ou sentimento ao som de um acorde dominante, para que você se lembre dele quando ouvi-lo.

Toque os acordes dominantes a seguir. Na maioria dos casos, a diferença entre os acordes dominantes e maiores é de apenas uma nota.

Como com os acordes maiores, também podemos utilizar esses novos acordes em uma progressão, para aprendermos como eles funcionam e para darmos a oportunidade aos seus dedos de mover-se entre os acordes.

Exemplo 1b:

A seguir, aprenderemos alguns acordes menores.

Na minha opinião esses acordes soam "tristes" ou talvez "nostálgicos"… mas é apenas a minha impressão! O objetivo final é que você seja capaz de *escutar* esses acordes e dizer: "Sim, esse é um acorde menor!".

Pratique a mudança entre os seguintes acordes.

Agora, nós podemos começar a combinar todos os diferentes tipos de acordes para criar uma *progressão* de acordes.

O exemplo a seguir contém algumas palhetadas. Nele, há quatro palhetadas por compasso nos acordes, e cada um deles é tocado com a palhetada para baixo. Muitas outras ideias de palhetada serão abordadas no próximo capítulo.

A seguinte balada country pode ser tocada lentamente, e a chave é tocar com um metrônomo, tocando um acorde a cada pulso do metrônomo. Conte em voz alta: "1, 2, 3, 4, 1, 2, 3, 4". Isso é conhecido como 4/4 ou *tempo* comum, com cada batida sendo uma semínima (uma vez que preenche 1/4 de um compasso 4/4).

Exemplo 1c:

As primeiras músicas country estavam muito relacionadas à música gospel. Amazing Grace é um belo hino de 1779. Nós o tocaremos aqui na tonalidade de G e usaremos uma mistura de acordes maiores, menores e dominantes.

Diferentemente do exemplo anterior, essa peça tem um ritmo de "três"; isso significa que há três batidas em cada compasso. Conte: "1, 2, 3, 1, 2, 3", e acentue a primeira batida, tocando-a mais alto, para ajudar a manter o ritmo.

Encorajo-lhe a cantar a melodia, se você estiver familiarizado com ela. É surpreendente quão completa uma progressão de acordes como essa pode soar, simplesmente ao adicionar-se a melodia.

Exemplo 1d:

Não se esqueça de utilizar a digitação adequada do acorde de G maior!

A intenção aqui é demonstrar como esses simples acordes podem formar a base de muitas músicas. A sua utilização não deve ser desprezada de forma alguma.

Dedique um tempo para praticar essas simples progressões de acordes e tente distinguir a diferença de som entre cada família de acordes (maior, menor e dominante). Acredito que a melhor forma de fazer isso é tocar as progressões de modo tão lento que você seja capaz de pensar adiante. Quando toco o acorde de G maior do exemplo anterior, tento "ouvir" na minha mente como o acorde G7 soará, antes mesmo de tocá-lo. Focar nessas mudanças harmônicas é uma das melhores maneiras de treinar os seus ouvidos.

Capítulo Dois: O Básico sobre Palhetada e Tocando Músicas

Agora que você já conhece alguns acordes, vamos utilizá-los para fazer música no estilo dos primeiros músicos de country.

Antes de tudo, é necessário considerar a *função* da guitarra na música country; como ela se desenvolveu, e o que é necessário para criar um som autêntico, quando se for tocar com um cantor ou criar o ritmo de uma faixa.

Como mencionado na introdução, a bateria na música country não apareceu senão muitos anos depois do gênero ter alcançado sucesso e ainda assim ela era algo que os puristas eram contra. Há histórias do Grand Ole Opry recusando-se a deixar artistas utilizar a bateria, apesar de existirem bateristas em suas bandas. Isso, em geral, impediu a exposição de artistas que estavam tentando atualizar a música à época, trazendo influências do pop e rock, em vez de continuarem fiéis a um gênero "puro" que estava decaindo em popularidade.

O período sem a bateria fez com que outros instrumentos tivessem que criar, de outras formas, um som guia e percussivo. Como tal, a guitarra funcionava tanto como um instrumento de harmonia como um instrumento percussivo, que mantinha o tempo, para que as pessoas pudessem dançar. Pode-se argumentar que a guitarra é mais bem utilizada como fonte de percussão, uma vez que muitas bandas de country (especialmente nos bares Honky-Tonk) tinham pianos que sempre se destacavam das guitarras como provedores de harmonia.

O ritmo "clássico" do country que se desenvolveu, era uma combinação do baixo tocando nas batidas 1 e 3 do compasso, com um forte acento da guitarra nas batidas 2 e 4. Esse acento nas batidas 2 e 4 é comumente conhecido como *backbeat* e é o som definidor da música contemporânea em 4/4, desde o início do jazz até a música pop de hoje.

Vamos recriar esse ritmo com um acorde em C maior, para de fato assimilarmos o seu efeito em nossos ouvidos e músculos. Para torná-lo interessante, imitaremos o que um baixista tocaria nas cordas mais graves.

Ouça atentamente a gravação do exemplo a seguir, pois a *dinâmica* é importante. Começaremos tocando a tônica na batida 1, seguida por um acorde na batida 2. Depois, tocamos o 5.º grau do C maior (G)[1] e então acentuamos novamente o acorde na batida 4.

Repita essa sequência tanto quanto for necessário, para que você adquira memória muscular. Dedique um tempo a esse exemplo e tente sentir-se confortável com a nota do baixo alternado.

Exemplo 2a:

Esse movimento da tônica, seguido pela quinta, é extremamente importante na música country. Para encontrar a quinta de um acorde simplesmente conte cinco notas a partir da tônica. A quinta de A é E (A, B, C, D, E), a quinta de G é D (G, A, B, C, D) etc.

---

[1] A nota G é a quinta nota na escala de C maior: C, D, E, F, G.

Quando passarmos do acorde de C maior para o acorde de A maior, tudo continuará o mesmo no padrão de palhetada, com a tônica na corda Lá (5ª corda) e a quinta na corda Mi (6ª corda). Isso, no entanto, requer um pouco mais de cuidado, visto que não é desejável que as notas graves se misturem às outras. Tente abafar as notas graves com a palma da mão direita, antes de executar os acordes em staccato (curtos).

Nos compassos três e quatro, o acorde A muda para o A7. Visto que estamos ainda nos acordes do "tipo A", o padrão do baixo alternado continua o mesmo.

Exemplo 2b:

Aqui há um último exemplo de movimento da tônica e da quinta com o acorde B7. Assumindo que você assimilou bem a digitação desse acorde, presente no capítulo anterior, tudo o que você precisa fazer é alternar o dedo 2 entre as cordas Lá (5ª corda) e Mi (6ª corda). Como nos acordes anteriores, mova-se entre a tônica (B) e a quinta (F#). Você pode ter percebido que se a tônica do acorde estiver na corda Lá (5ª corda), a quinta estará sempre na mesma casa, na corda Mi (6ª corda).

Exemplo 2c:

Uma parte desafiadora desse estilo é que nem todos os acordes têm a tônica na corda Lá (5ª corda)!

Isso pode ser demonstrado com um acorde de G maior. Com esse acorde, a tônica está na corda Mi (6ª corda), e a quinta (D) está na corda Ré (4ª corda) solta. Isso significa que é necessário pular da corda Mi até a corda Ré, para tocar o padrão alternado do baixo. Pular a corda Lá pode parecer estranho no começo, mas esse é um importante movimento a ser dominado.

Como com o acorde de A maior, mude para o acorde dominante, nos compassos três e quatro.

Exemplo 2d:

Em um acorde de E maior, a tônica está na corda Mi (6ª corda), e a quinta está na corda Lá (5ª corda). Mover-se entre essas notas tornar-se-á provavelmente mais fácil, após a prática da digitação do acorde de G. Como nos exemplos anteriores, a mudança para o acorde dominante no terceiro compasso lhe mostra que o padrão do baixo alternado continua consistente.

Exemplo 2e:

Acordes de D maior possuem as tônicas na corda Ré (4ª corda) solta, e a quinta é tocada na corda Lá (5ª corda) solta.

Exemplo 2f:

Quando eu, de fato, comecei a tocar seriamente o ritmo de country, percebi que muitos dos melhores guitarristas do gênero preferiam uma versão em meia pestana do acorde de F maior, com a tônica na corda Ré (4ª corda), em vez da corda Mi (6ª corda). Além de ser mais fácil de montar do que um acorde com pestana completa, esse voicing também tem a vantagem de permitir um movimento rápido para tocar a quinta na corda Lá (5ª corda).

Exemplo 2h:

Para adicionar mais vida a essas partes, vamos desenvolver o *backbeat*, adicionando palhetadas para cima, nas batidas 2 e 4. Isso faz com que a contagem seja: "1, 2&, 3, 4&, 1, 2&, 3, 4&". O que é importante entender é que o movimento de palhetada da mão direita não deve mudar. Continue a palhetar para baixo em cada batida, mas agora simplesmente toque as cordas com a palheta, quando a mão subir.

Toque o padrão de palhetada acima aplicado ao acorde de C maior e C7.

Exemplo 2i:

Agora vamos utilizar os exercícios anteriores para fazer música! Esse exemplo é típico da abordagem de Johnny Cash na guitarra rítmica, em músicas como: Walk the Line ou Folsom Prison Blues. Johnny foi um dos mais icônicos e um dos mais bem-sucedidos músicos de country de todos os tempos. A sua música ainda encanta milhões de pessoas por todo o mundo, mesmo após a sua morte em 2003.

A progressão de acordes é muito similar a um standard de blues de doze compassos, mas com uma pausa no acorde V (B7), por dois compassos. O movimento do baixo se mantém na tônica e na quinta, que você acabou de aprender.

Exemplo 2j:

A seguir, vamos adicionar a palhetada "pra cima e pra baixo", na batida 2, para criar um ritmo típico de Hank Williams.

Como nos exemplos anteriores, continue a alternar entre a tônica e a quinta na parte do baixo para criar um som sólido e forte. Isso é uma parte essencial do gênero e um importante ritmo para dominar, antes de avançar para o estilo de lendas como Merle Travis ou Chet Atkins.

Exemplo 2k:

O próximo exemplo é baseado no estilo de Jimmie Rodgers e similar aos seus clássicos como: Blue Yodel No.1 ou Waiting on a Train.

Esse exemplo tem o mesmo ritmo do anterior, porém agora com a adição de outras notas graves, além da tônica e da quinta.

Na batida 3 do segundo compasso toque a terça (E) do acorde C7. Não há regras fixas sobre a escolha das notas graves: tudo tem a ver com a criação de um movimento melódico interessante, que mantenha a música indo adiante. Por acaso, todas essas notas graves extras são fáceis de serem tocadas a partir da digitação do acorde.

Exemplo 2l:

Vamos nos manter na abordagem rítmica de Jimmie, mas dessa vez tocaremos no tempo 3/4. O exemplo parece similar a Amazing Grace do capítulo um, mas agora você tocará a nota grave na batida 1 e palhetará os acordes nas batidas 2 e 3.

Nesse exemplo você perceberá algumas notas interessantes, adicionadas no baixo, particularmente a nota B, tocada com o acorde de C maior (compasso sete), e a nota F#, tocada com o acorde de G maior (compasso quinze). Como regra, você pode sempre abordar qualquer acorde de uma casa abaixo, e mesmo assim ele soará bem.

Exemplo 2m:

Agora você já deve estar adquirindo uma ideia de como criar um *backbeat* de country, ao acentuar a batida 2 do compasso, com uma palhetada levemente mais forte. Se não, ouça atentamente os áudios de exemplo e tente imitar a minha forma de tocar. Esse ritmo é o núcleo da guitarra rítmica do country, portanto ouça músicas desse gênero tanto quanto possível e tente incorporar esse ritmo no seu estilo.

A *síncope* é o ato de deslocar uma batida, para que o acento caia em outro lugar, onde normalmente ele não seria esperado.

Na realidade, isso é simplesmente deslocar um acorde ou nota, que seria esperado cair na batida forte. No papel, essa ideia pode soar complicada, mas de fato é algo que você já deve ter visto centenas de vezes.

O primeiro exemplo sincopado acentua um acorde tocado no "e" da batida 4. Ele é mantido até a batida 1 do compasso seguinte.

Lembre-se, a técnica de palhetada aqui continua a mesma. A sua mão move-se para baixo nas batidas e para cima entre as batidas. O segredo é manter a sua mão em movimento o tempo todo, na batida 1 do segundo compasso, mesmo que você não esteja de fato tocando as cordas.

Mantenha um *backbeat* forte, acentuando as batidas 2 e 4 onde for possível. A exceção é quando você estiver sincopando, pois soa melhor acentuar as notas que estão fora da batida, uma vez que faz a música soar mais humana e menos mecânica. O melhor conselho que posso lhe dar é que você escute os áudios de exemplo: essas ideias parecem complicadas no papel, mas fazem muito mais sentido quando você as escuta. Aprender música tem tudo a ver com ouvir e copiar o que você ouve.

Exemplo 2n:

O próximo exemplo utiliza a ideia anterior, mas move o acorde sincopado para o "e" da batida 2.

Você pode vocalizar o primeiro compasso, dizendo; "1, 2 & … & 4". Essa contagem parece complexa quando escrita, assim sendo, ouça cuidadosamente o áudio de exemplo e você logo perceberá que esse é um ritmo que você ouve o tempo todo.

Pratique esse ritmo nos dois primeiros compassos do exemplo a seguir. Quando você começar a assimilar a ideia, inclua os dois compassos seguintes. Um deles contém o acorde de F maior para manter-lhe atento.

Exemplo 2o:

O terceiro exemplo coloca a palhetada sincopada no "e" da batida 2, movendo-se para a batida 3.

Esse ritmo poderia facilmente ser tocado na segunda metade do compasso, para cair no "e" da batida 3, movendo-se para a batida 4.

É importante notar que esse exemplo afeta o *backbeat*, pois a nota sincopada desloca efetivamente o acento da batida 2, mais cedo do que esperado.

Como sempre, ouça atentamente o áudio para assimilar o ritmo desse exemplo. É sempre mais fácil aprender essas ideias escutando-as, em vez de lendo-as.

Exemplo 2p:

O último exemplo desse capítulo aplica ideias com síncope a progressões de acordes populares.

Tocado em G, o exemplo começa com o acorde I (G maior), seguido pelo acorde IV (C maior) e então pelo acorde V (D maior). Em seguida, essa ideia se repete, mas move-se do acorde V (D maior) para o acorde IV (C maior).

A segunda seção move-se para o acorde vi (Em) e em seguida para o acorde V (D Major). Ela se repete, mas é variada por um acorde V7 sincopado (D7), que lhe empurra de volta para o G maior.

Exemplo 2q:

Após estudar esse capítulo, você estará equipado com as ferramentas necessárias para tocar as partes rítmicas mais comuns do country acústico. Agora você deve ser capaz de explorar mais o ritmo e desenvolver o seu senso rítmico, enquanto estiver estudando músicas simples.

Ouça os gigantes do country e imite os seus padrões de palhetada. Quanto mais ouvir lendas como: Merle Haggard, Waylon Jennings, David Allan Coe, Ernest Tubb e Glen Campbell, mais você desenvolverá um *feeling* sobre como eles tocavam.

O que você logo perceberá é que, tão logo você tenha dominado a palhetada, você não melhorará por *pensar* mais. A melhor forma de evoluir é *ouvindo* e *reproduzindo* o que você ouve. Lembre-se, a mão direita move-se para cima e para baixo na música, mas simplesmente toque as cordas quando você quiser ouvi-las.

Capítulo Três: Ritmo de Western Swing

Durante o final da década de 1920 e começo da década de 30, um novo subgênero da música country começou a desenvolver-se, quando o jazz da época foi influenciado pela instrumentação da música country do sul dos EUA.

Repentinamente, novas bandas surgiram por todo o país tocando essa nova música *Western Swing* para as pessoas dançarem. Pioneiros notáveis do estilo, como: Bob Wills, Milton Brown e Spade Cooley começaram a utilizar a bateria para adicionar excitação às suas seções de ritmo, baseadas em jazz. Eles ainda continuavam tocando músicas, mas essas mudanças nos acordes resultaram em guitarristas como: Eldon Shamblin, Jimmy Wyble e Junior Barnard. Surgiu assim a possibilidade de experimentar tanto com o ritmo como com os seus solos (que eram muitos!).

Infelizmente, o gênero sofreu um grande declínio nos anos 1940, quando os EUA introduziram um imposto sobre "casas noturnas de dança", para conseguir fundos para o esforço de guerra. Esse alto imposto de 30% fez com que vários clubes banissem a dança, o que foi suficiente para eliminar o movimento. Apesar de o gênero nunca ter tido um renascimento, ele ganhou vida nos trabalhos de bandas como: The Hot Club of Cowtown, The Lucky Stars e The Swing Commanders.

Um dos elementos definidores do ritmo do western swing é ritmo-guia "quatro no chão" (quatro semínimas por compasso) e o uso quase inebriante das *inversões* de acordes. Pense em Freddie Green na Count Basie Orchestra ou no trabalho rítmico de Django Reinhardt, mas com um toque caipira.

Uma inversão de acorde é um voicing onde uma nota, *qualquer uma menos a tônica,* aparece no baixo. Assim sendo, enquanto a tríade de G maior contém as notas: G, B, e D, ela poderia ser tocada com qualquer uma daquelas três notas (G, B ou D) no baixo; cada uma delas correspondendo a uma diferente inversão.

Um acorde de G maior com a tônica no baixo (G, B, D) é chamado de *acorde de tônica.*

Tocar a terça no baixo (B, G, D ou B, D, G) corresponde à *1ª inversão* da tríade, que é escrita como G/B (pronuncia-se "G sobre B", significando um acorde de G sobre uma nota B grave).

Tocar a quinta no baixo lhe dá a *2ª inversão* da tríade de G/D.

O exemplo 3a demonstra as três inversões de um acorde de G, começando com um desenho em pestana do acorde de E.

Cada voicing contém apenas três notas: a tônica, a quinta e a terça. Essa é uma tríade aberta, às vezes chamada de "shell voicing". Voicings desnudados como esses têm duas vantagens: eles não somente se adaptam bem a essa configuração de música, como também facilitam muito a mudança entre voicings nos tempos rápidos.

Nos diagramas a seguir, as notas a serem tocadas são mostradas em preto, enquanto que o maior desenho do acorde com pestana do "CAGED" é mostrado com notas brancas, para dar-lhe contexto. Não toque as notas brancas.

G Major (E shape)   G/B (D shape)   G/D (E shape)   G Major (C shape)

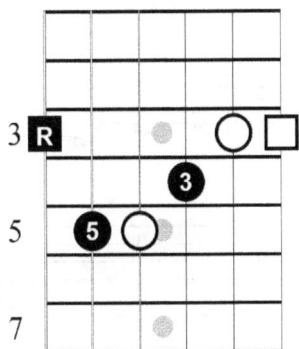 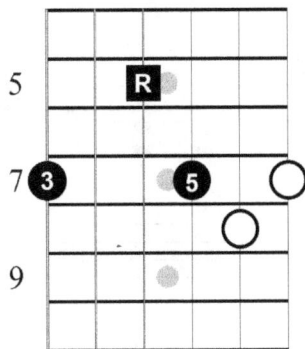 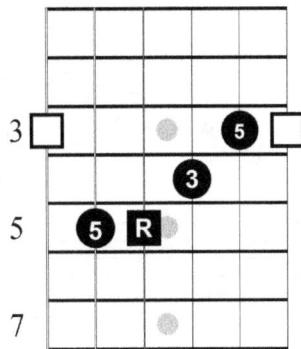 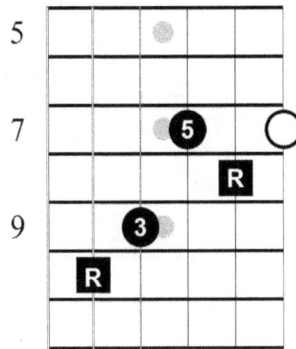

Exemplo 3a:

No swing, inversões são utilizadas de duas formas. Apesar de serem utilizadas para criar transições suaves entre os acordes, elas também são utilizadas para criar interesse rítmico para o ouvinte, quando um acorde é mantido por um período de tempo prolongado. O clássico de Bob Wills «Stay a Little Longer» é um bom exemplo, uma vez que ele começa com quatro compassos em G maior. O exemplo a seguir demonstra como quatro compassos em G maior poderiam ser tocados na música country *antiga*.

Exemplo 3b:

O próximo exemplo utiliza o acorde de G maior, mas, dessa vez, move-se entre algumas inversões supracitadas, para criar interesse. Partes como essa, além de divertidas e desafiadoras de tocar, soam muito bem também.

Exemplo 3c:

O exemplo 3d demonstra como um músico de swing poderia abordar uma longa sequência frugal com um acorde. Se você observar atentamente, você notará que esse riff contém uma melodia no baixo. Isso ajuda a ligar toda a parte e fazer com que ela soe como um riff, em vez de uma sequência de mudanças de acordes.

Ademais, o ritmo foi notado de forma um pouco literal, portanto é importante adquirir um *feeling* da dinâmica desse estilo, ouvindo o áudio. Também há, definitivamente, muita influência da famosa técnica "la pompe", de ritmo de jazz cigano. Usa-se tanta acentuação nas batidas 2 e 4, que as batidas 1 e 3 frequentemente possuem apenas uma nota.

Não siga isso tão literalmente! A ideia é fazer uma palhetada curta e suave, seguida por uma mais longa e agressiva para empurrar a batida adiante. Ouça o áudio atentamente, para ouvir como ela deve soar.

G/D (E shape)   C Major (G shape)   F Major (C shape)

Perceba a melodia na parte de baixo dos acordes acima. Apesar de C/E e F não serem inversões de G, o movimento no baixo as une lindamente.

Exemplo 3d:

Além dessas inversões rápidas, o vocabulário de acordes do western swing contém mais extensões, como os acordes de sexta e sétima. Com o passar do tempo, você aprenderá mais extensões de acordes, porém seguir os sons básicos sempre será útil a você.

Exemplo 3e:

O próximo exemplo mostra como um músico de swing poderia utilizar esses sons, quando fosse fazer acompanhamento num blues. Os primeiros quatro compassos baseiam-se no G maior, mas a voz interior dos acordes muda o acorde, do G maior para o Gmaj7, depois para o G6 e então para o G7, que finalmente resolve no C7, no quinto compasso. No retorno para o G maior, há uma repetição das três inversões estudadas anteriormente.

Exemplo 3f:

Há também inversões e extensões úteis que se ajustam às nossas mãos, com um desenho do "acorde de A". Apesar de essa coleção de acordes não estar completa, ela é certamente suficiente para estimular a criação de ideias, com um acorde com pestana de C maior.

Exemplo 3g:

Um dos aspectos mais intrigantes dos músicos de swing é como eles são capazes de criar movimento em um acorde estático, mas também conectar fluentemente as mudanças de acordes. No exemplo a seguir, comece com o acorde de G maior e mova-se para cima no braço da guitarra, utilizando inversões de acordes. A transição para o C maior acontece por meio do acorde G7, seguido pelo movimento descendente no braço com inversões, que resolve no acorde original de G maior.

Exemplo 3h:

Outra abordagem comum que cria interesse harmônico é tocar utilizando a relação acorde-escala. O próximo exemplo apresenta voicings para acordes, na tonalidade de G maior. Note o uso do C6 no segundo compasso, com um som mais adocicado do que o esperado Cmaj7.

Exemplo 3i:

O próximo exemplo tem muitos acordes em comum com a ideia anterior de relação *acorde-escala*, mas, em vez de tocar-se acordes como o Bm7 e D7, toca-se inversões da tríade de G maior que produzem o mesmo movimento no baixo, mas que continuam fortemente relacionadas ao acorde original de G maior.

Exemplo 3j:

Outro recurso comum é tocar *acordes diminutos em um semitom abaixo do acorde* para o qual a ideia se move. Por exemplo: tocar o acorde G#dim7, entre os acordes de G maior e Am7. Isso cria uma suave transição entre os voicings.

Como regra geral, você pode sempre tocar um acorde diminuto com sétima em um semitom abaixo da tônica do acorde para o qual você está indo.

G Major   E7b9 (G#dim7)   Am7   G#7b9 (Bbdim7)

Exemplo 3k:

Aqui está um exemplo dessa ideia, usada para criar um riff com acordes em um vamp de C maior. Primeiro, a ideia move-se do C maior na relação acorde-escala para o Dm7 (através de um acorde diminuto) e então para o C/E, através de outro acorde diminuto. Em seguida, move-se para baixo através da progressão ii –V (Dm7 – G7), retornando ao C maior para terminar o riff. Você encontrará ideias como essas em várias músicas do Light Crust Doughboys.

Isso tudo soa complicado, mas o mais importante é ouvir o movimento do baixo e considerá-lo como uma melodia, em vez de uma complexa coleção de substituições e teoria.

Exemplo 3l:

A seguir, há uma ideia similar, mas dessa vez baseada nas cordas graves e na tonalidade de G maior.

Exemplo 3m:

Aqui está um exemplo similar de algo que o grande Eldon Shamblin poderia ter tocado. O trabalho de Eldon Bob com Wills and His Texas Playboys é um exemplo brilhante do estilo. Essa ideia contém alguns novos acordes, incluindo um voicing difícil de G7 e Eb6. Ambos os voicings são baseados no acorde de C maior com pestana.

Começando com uma tríade do acorde de G maior, o G7 é formado ao mover-se a tônica duas casas para baixo para sétima menor (b7), criando um G7/F. Por si só, esse voicing é desagradável aos ouvidos, mas colocado entre o G maior e o C/E, a sua nota F funciona bem no baixo conforme ela progride na escala.

Exemplo 3n:

O último exemplo é um pouco mais aprofundado e salienta uma progressão do tipo western swing em 16 compassos. A progressão de acordes nos quatro primeiros compassos poderia ser raciocinada como: G – A7 – D7 – G7 – E7 – A7 D7, mas, com a guitarra tocando dois acordes por compasso e indo para cima e para baixo no braço, as coisas rapidamente ficam interessantes.

Baseando-se no acorde de G maior, uma relação de acorde-escala foi utilizada, o que contrasta com as inversões do acorde de A7 executadas.

Com o acorde de D maior, tocamos um *walkdown* (um tipo de linha de baixo) no baixo, começando com a tônica (D) e movendo-nos através da sétima menor (b7), sexta e quinta.

Para a virada, começamos com o G maior, então nos movemos para cima para a 2ª inversão do voicing de E7. Esse voicing move-se para baixo cromaticamente para retornar ao G maior.

O segundo grupo de oito compassos começa com o mesmo movimento do G maior para o A7. Um novo truque é apresentado no acorde A7: simplesmente mova o acorde para baixo uma casa e, em seguida, retorne à posição original! Isso não requer explicação teórica. Isso simplesmente soa bem!

Os últimos quatro compassos exibem outro *walkdown* no baixo, mas dessa vez começando do acorde de Em7. Para finalizar há uma progressão "ii – V – I" em G, terminando em um voicing clichê 6/9, que é comum no country e no rockabilly.

Exemplo 3o:

Esses exemplos devem abrir os seus ouvidos para o som desse gênero de música único e excitante.

Dedique um tempo para ouvir as músicas de Bob Wills and His Texas Playboys e Milton Brown and His Musical Brownies, para familiarizar-se com os standards do gênero. Você também notará muitas semelhanças com o jazz cigano de Django Reinhardt e do Quintette du Hot Club de France em músicas como: "After You've Gone", que foi tocada por ambos.

Esse gênero de música influenciaria estilos que viriam anos depois, como o tão amado bakersfield sound, que utilizava o swing como elemento principal. Buck Owens tornar-se-ia conhecido por esse tipo de música, e músicos como Vince Gill ainda mantém a chama acesa com a sua banda, The Time Jumpers.

Cápitulo Quatro: Riffs com Palhetada Híbrida

Após o rock and roll ter dominado o mundo e o rockabilly (resultado da mistura do rock e do hillbilly) ter adquirido um público cult, a cidade de Nashville colocou como prioridade a produção de músicas que rendessem sucesso comercial. O elemento pop da música country não era certamente algo ruim, visto que introduziu Glen Campbell e Dolly Parton a um público maior de jovens, que não queriam ouvir as mesmas músicas que seus pais ouviam.

Com o passar do tempo, novas influências foram trazidas para o country e foram adaptadas para o gosto tradicional. Nenhuma influência era tão forte como o som da guitarra com leve overdrive do rock. Essa influência foi em ambas as direções, conforme bandas de rock como: Rolling Stones, The Allman Brothers, Lynyrd Skynyrd e The Eagles começaram a utilizar mais ideias com influências do country. Esse som ainda é forte hoje, mesmo nas músicas de: Brad Paisley, Miranda Lambert e Carrie Underwood, mais focadas no pop.

Finalmente, a incorporação do rock pelo country gerou o country *truck-driving*, que combinava elementos do Outlaw, Rock, Honky-Tonk e Bakersfield para criar um som que abriu um caminho atraente para artistas já estabelecidos como Merle Haggard e Jerry Reed, simultaneamente criando uma nova direção para que artistas como Alan Jackson e Junior Brown pudessem alcançar uma nova audiência.

Grande parte da autenticidade desse estilo vem do uso combinado da palheta e dos dedos, comumente conhecido como palhetada *híbrida*. A palheta híbrida não apenas torna mais fáceis alguns movimentos técnicos. mas também produz um som muito diferente. Com a palhetada híbrida, você pode tocar mais de uma nota ao mesmo tempo, em vez de uma após a outra (o que é impossível de evitar quando se toca com a palheta). A palhetada híbrida também adiciona um pouco de "palmadas" às notas, à medida que você puxa as cordas para fora do braço da guitarra, após elas terem sido dedilhadas, o que faz com que elas retornem agressivamente ao braço.

Primeiro, vamos acostumar-nos com o som e a sensação da palhetada híbrida. Toque esse exemplo com os dedos 2 e 1, simultaneamente. Coloque-os nas cordas antes de dedilhar e puxar as cordas para fora, para fazer soar as notas. Alguns músicos como Brent Mason utilizam dedeiras de acrílico para dar a essas notas um efeito de palheta, mas pessoalmente utilizo apenas a pele dos dedos. Ambas as formas são legais.

Exemplo 4a:

Agora adicione a palheta. Aqui está um curto exemplo baseado no acorde de E maior. A primeira nota é tocada com a palheta, então o *double stop* é tocado com os dedos. Simplesmente alterne entre os dois.

Como experimento, tente tocar essa ideia apenas com a palheta. Apesar de ser possível, ela requer muito mais trabalho e não soa a mesma coisa.

Exemplo 4b:

A seguir, é importante praticar o "pinçamento", que é quando você utiliza juntos os dedos e a palheta.

Exemplo 4c:

Antes de adicionar a síncope, é importante acostumar-se com a palhetada alternada entre a sexta e quarta cordas. Esse exemplo ensina essa ideia, com as notas graves sendo tocadas com palhetadas para baixo.

Exemplo 4d

Como no exemplo anterior, a palheta continua a tocar em todas as quatro batidas. O pinçamento ocorre somente nas batidas 2 e 4. A palheta continua a tocar as notas graves. A notação utiliza as hastes das notas apontando para baixo para indicar as notas a serem tocadas com a palheta e as hastes para cima para indicar as notas a serem tocadas com os dedos.

Exemplo 4e:

O próximo exemplo expande a ideia anterior ao adicionar sincopação. O segundo *double-stop* é empurrado para frente por uma pausa de colcheia, para criar um contratempo acentuado. Isso é uma parte importante do rockabilly, no entanto o assunto do dedilhado de country de Merle Travis será abordado com mais profundidade no livro dois.

Exemplo 4f:

Aqui está um exemplo que requer que você utilize a palhetada alternada nos *double-stops*, para criar um padrão rítmico interessante, composto por dois grupos de três, seguido por um grupo de dois. Apesar de o compasso conter colcheias, o *backbeat* tradicional foi removido. Em vez de acentuar as batidas 2 e 4, conte: "1 2 3 1 2 3 1 2" e acentue o 1, para conseguir uma ideia melhor do ritmo.

Exemplo 4g:

O próximo exemplo é similar ao ritmo que você ouvirá na banda de Merle Haggard. Baseando-se no acorde de E7, utilize a palheta nas notas da corda Mi (6ª corda) e os dedos nos *double-stops*. Esse exemplo requer habilidade na mão esquerda para manter-se no tempo, visto que é necessário tocar as cordas soltas e fazer um *hammer-on* no braço da guitarra. Utilize o dedo 1 para a nota do *hammer-on*, então pressione ambas as notas da 2ª casa com uma pestana com o dedo 2.

Exemplo 4h:

O Exemplo 4h ornamenta o riff anterior para estendê-lo por quatro compassos. No segundo compasso, você precisará tocar a corda Mi (1ª corda) e deixar que todas as cordas soem. Como acontece nos *double-stops*, utilize um dedo da mão direita para soar essa nota. No último compasso a mesma ideia é tocada, mas dessa vez termina com uma ideia baseada na palhetada alternada, nas cordas Ré e Lá.

Exemplo 4i:

O próximo exemplo apresenta influências de bandas de boogie-woogie, utilizando um fluxo contínuo de colcheias. Para executar mais facilmente a palhetada alternada, é mais fácil tocar com uma palhetada para cima, seguida de outra para baixo (como indicado acima na tablatura). Ideias como essa são bem-vindas tanto no blues como na música country.

Exemplo 4j:

Aqui há uma ideia similar a do exemplo 4g, mas dessa vez na tonalidade de A. No segundo compasso há um pequeno truque melódico no *double-stop*, que consiste em pegar o acorde A5 e mover a nota mais grave da quinta para a quinta diminuta (b5) e então para a quarta. Isso não apenas fornece um sabor agradável de blues, como também nos dá algumas opções sônicas, quando formos tocar riffs.

Exemplo 4k:

O próximo exemplo expande a ideia anterior, ao adicionar mais notas isoladas, enquanto deixa os *double-stops* como acentos no ritmo. Apesar de aqui haver notas que poderiam ser vistas como sendo parte de uma escala, elas têm mais a ver com unir as notas de acordes, do que com uma escala. Abordaremos o assunto de escalas mais adiante!

Exemplo 4l:

Aqui está um exemplo que utiliza a corda Mi (6ª corda) solta e *double-stops* dedilhados como ponto de partida, mas que adiciona um *walkup* (um tipo de linha de baixo), para adicionar interesse no baixo. Utilize a palheta nas notas isoladas e os dedos nos *double-stops*.

Exemplo 4m:

O próximo exemplo aplica o conceito de palhetada híbrida em uma progressão de acordes, para dar-lhe uma ideia melhor de como alguém como Brad Paisley o aplicaria em uma música. Tocada na tonalidade de E, a progressão I, V, vi, IV é indicada com simples padrões de acordes, portanto não perca de vista o acorde original com pestana, quando for adicionar as notas isoladas.

Exemplo 4n:

O último exemplo desse capítulo utiliza a palhetada híbrida executando um *riff* numa progressão de acordes na tonalidade de G. O acorde de G maior é tocado aberto, enquanto o C maior e o D7 requerem pestanas nas posições mais altas.

Exemplo 4o:

Esperamos que você possa perceber que na música country acordes são pensados como *acontecimentos individuais* e são ornamentados como tal. Em vez de tocar a escala de G maior junto com uma progressão completa em G, o processo no country é muito mais próximo do jazz, onde cada acorde é tratado e ornamentado como uma entidade única.

Parte Dois: Escalas, Arpejos e Guitarra Solo

Nessa parte, você adquirirá conhecimento amplo de escalas, arpejos e abordagens de solo, que poderão ser aplicadas na música country.

Nessa seção, você aprenderá:

- Teoria de escalas

- Escalas abertas

- Escalas móveis

- O sistema CAGED

- Solar com intervalos

- Relação entre acordes, arpejos e escalas

- Como utilizar padrões para fazer música de verdade

- Conceitos de arpejo

- Ideias para solos

Dominar as habilidades dessa seção libertará a sua mente de pensar demais sobre o braço da guitarra, quando você estiver tocando, além de preparar os seus dedos para os aspectos mais desafiadores tecnicamente da guitarra country, como banjo rolls e ideias com cordas soltas.

Não execute apressadamente essas ideias. Dedique um tempo para estudá-las e não tenha medo de revisar os capítulos anteriores para rever conceitos, técnicas e teoria. Ouça música country tanto quanto possível e tente reconhecer as técnicas estudadas em tudo o que você ouvir.

Capítulo Cinco: Introdução às Escalas de Country

Para desenvolver o seu conhecimento sobre acordes, harmonia e solo, é importante familiarizar-se com os sons e digitações comuns de um grupo de escalas de country.

Esse capítulo construirá o seu conhecimento sobre intervalos e deixar-lhe-á proficiente na:

- Escala pentatônica menor

- Escala de blues

- Escala pentatônica maior

- A escala de "country"

- Digitações em posição aberta

- Formas móveis

- Teoria modal paralela vs derivativa

Do Grego penta, que significa "cinco", e tônica, que significa "baseado na tônica", uma escala pentatônica é qualquer escala que possui cinco notas.

A escala pentatônica menor é muito utilizada por inúmeros músicos respeitáveis de country, blues, rock, metal e até jazz. Muitos dos maiores guitarristas de todos os tempos utilizaram-na exclusivamente, sem nunca sentir a necessidade de procurar em outro lugar inspiração para criar sons definidores de gênero. Portanto, seria tolice ignorá-la!

O exemplo 5a mostra a escala pentatônica menor de E, tocada na posição aberta (com cordas soltas). Nesse momento, não se preocupe em assimilar a técnica ou a teoria, apenas concentre-se em ouvir o som da escala.

Exemplo 5a:

Como dito anteriormente, muito pode ser alcançado com essa escala, incluindo o deslocamento completo para cima ou para baixo no braço, para ajustar-se a qualquer tonalidade. Por exemplo, aqui está a mesma escala movida para cima três casas, para dar-lhe a escala pentatônica menor de G. Note que a tônica é encontrada na corda Mi (6ª corda) e é tocada com o dedo 1.

Exemplo 5b:

Observar essa escala em um diagrama lhe dá a chance de ver os intervalos em ação. São os intervalos que dão à escala o seu caráter. Consistindo da tônica, terça menor (b3), quarta, quinta e sétima menor (b7), a escala contém as mesmas notas de um acorde menor com sétima (tônica, b3, quinta e b7), mas com a adição da quarta.

G Minor Pentatonic
scale

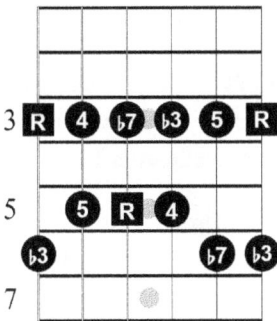

Pode-se afirmar que isso significa que a escala pentatônica menor de G funcionará exclusivamente com acordes menores, mas a verdade é surpreendente. De fato, apesar de a terça menor de uma escala pentatônica menor de G chocar-se horrivelmente com a terça maior do acorde de G maior ou G7, o resultado é uma tensão agradável, descrita como «blues» ou «corajosa».

O exemplo 5c demonstra a pentatônica menor de G tocada com um vamp do acorde de G maior. Ele soa bem ao capturar a qualidade do acorde de um modo agradável.

Exemplo 5c:

O próximo exemplo utiliza um lick diferente na pentatônica menor de G, com o acorde de G *maior* para mostrar-lhe como ele soa.

Você notará que estou fazendo um *bend* um pouco agudo nas terças menores para criar uma qualidade blues. Isso é conhecido como "curva do blues" e não eleva *de fato* a nota de Bb para B, mas a deixa entre as duas notas.

Exemplo 5d:

Quando você estiver praticando escalas na guitarra, é importante entender que o seu ouvido deve igualar a sua proficiência técnica ou então superá-la. Você deve praticar todas as suas ideias e exercícios em algum tipo de contexto harmônico, para que você não apenas aprenda a tocar o lick, mas também construa uma *relação* com ele em contexto e internalize a forma que ele faz você se sentir.

Para criar uma rápida backing track quando estou praticando, utilizo um pedal looper da TC electronic. Ele repete um acorde infinitamente, assim nunca perco o contexto harmônico. Há muitas opções quando o assunto é gravação de backing tracks, mas essa opção parece-me a mais rápida e de melhor som.

Apesar de ser importante aprender escalas que cubram todo o braço da guitarra, nesse momento é mais benéfico adquirir o domínio de uma escala em uma área específica, antes de introduzir múltiplas digitações e mudanças de posição. Dito isso, também é útil ter pequenas notas "extras" que possam ser adicionadas no começo ou no final de um padrão, para ampliar o seu vocabulário.

Por exemplo, abaixo há a escala pentatônica menor de G do exemplo anterior, mas dessa vez com um pequeno alcance adicional, no início e no final. Isso será muito útil em breve.

Extended G Minor Pentatonic scale

Você perceberá que algumas dessas notas estão em branco. Isso serve como um "mapa", utilizado para mover-se para cima no braço. As notas em branco são digitações possíveis das notas da escala, mas redigitadas no exemplo seguinte para criar uma linha mais fácil de tocar.

Para conseguir tocar as três notas consecutivas na corda Lá (5ª corda), utilize o dedo 1 na 1ª casa, o dedo 3 na 3ª casa e em seguida mude o dedo 3 de posição para tocar na 5ª casa.

Exemplo 5e:

O lick a seguir é um exemplo do quão comum essa abordagem de notas extras é: optei por fazer um *slide* para 5ª casa na corda Sol (3ª corda), em vez de tocar a mesma nota na corda Si (2ª corda). Não é apenas mais fácil, como também a articulação é diferente. Esse *slide* adiciona algo ao lick e é a causa pela qual ele soa do jeito que soa.

Exemplo 5f:

Esse último exemplo baseado na pentatônica menor utiliza a ideia anterior de mudança de posição, mas dessa vez tocada na posição aberta. Aqui, a escala é utilizada para criar uma passagem entre o *backbeat* no acorde de E maior, de uma forma que é típica do estilo.

Exemplo 5g:

A próxima escala *poderia* ser chamada de *hexafônica*, uma vez que possui seis notas. No entanto, ao observar o diagrama a seguir, você notará que ele tem o mesmo desenho da escala pentatônica menor anterior, porém com uma nota a mais. Ainda estou para encontrar, desde que comecei a ensinar música, alguém que pense que essa é uma nova escala, quando obviamente é uma escala pentatônica menor com uma nota adicional. A nota extra é uma quinta diminuta (b5), frequentemente chamada de *nota blues*.

G Blues scale

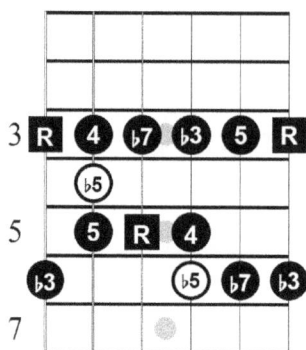

Essa nota tem um som muito distinto e é normalmente utilizada como uma interessante nota de passagem, mas pode ser tocada como uma nota grave para criar uma pausa. Assimile o som dessa nota, até que você seja capaz de adicioná-la à sua música quando você ouvi-la.

Exemplo 5h:

O "problema" com as escalas acima é que, apesar de elas serem úteis na música country, elas tendem a adicionar uma influência blues no vocabulário country, criando uma *vibe* triste e melancólica. Quando você escuta músicas de country inesquecíveis, uma grande parte delas está em tonalidades maiores, portanto ser capaz de tocar nessas tonalidades é essencial nesse gênero.

A primeira parada para qualquer músico sério de country é a escala pentatônica maior e a pentatônica menor, prima espirituosa da primeira. Os intervalos nas escalas pentatônicas maior e menor de G são comparados abaixo:

G Major Pentatonic scale   G Minor Pentatonic scale

Quando comparada à pentatônica menor, vê-se claramente um diferente grupo de intervalos em ação na escala pentatônica maior. Enquanto a escala pentatônica menor contém a tônica, a terça menor (b3), a quarta, a quinta e a sétima menor (b7), a pentatônica maior abandona as sombrias b3, quarta e b7, em favor dos sons adocicados da segunda, terça e sexta, com a fórmula: 1,2, 3, 5 e 6.

Acho bem útil associar um som de um acorde com cada escala, assim, quando alguém me pergunta: «Como é o som da escala pentatônica maior?», eu posso simplesmente tocar um acorde que recria instantaneamente a *vibe* daquela escala. Lembre-se: os acordes vêm das escalas, e um acorde não é nada mais do que um grupo de notas de uma escala, tocadas ao mesmo tempo.

Com a escala pentatônica menor de G, a tônica, a terça, a quinta e a sétima lhe dão a tônica, a terça menor (b3), a quinta e a sétima menor (b7) — ou um acorde de sétima menor.

Exemplo 5i:

Utilizar os intervalos da escala pentatônica maior — tônica, terça, quinta e sexta — gera o acorde de G6.

Exemplo 5j:

Um truque utilizado frequentemente por guitarristas é utilizar o desenho da escala pentatônica menor para tocar a escala pentatônica maior

É muito fácil utilizar o desenho da escala pentatônica menor que você já conhece, para formar uma escala pentatônica maior com a mesma tônica. Simplesmente mova a escala pentatônica menor três casa para baixo. O seu dedo 4 deve estar agora na tônica, onde anteriormente estava o dedo 1.

Por exemplo, toque a escala pentatônica menor de C, colocando o dedo 1 na 8ª casa da corda Mi (6ª corda). Em seguida, mova todo o desenho três casas abaixo, de modo que o dedo 4 fique na 8ª casa. Toque as notas do desenho da escala pentatônica menor, começando e finalizando com o dedo 4 na 8ª casa. Agora você está tocando a escala pentatônica maior de C. Toque-a junto com um vamp do acorde de C maior, para ouvir o efeito.

Exemplo 5k:

Aqui está um lick clássico de country que utiliza esse padrão. Observe o uso da nota Eb para abordar a nota E. Esse movimento é muito comum no gênero.

Exemplo 5l:

Também podemos utilizar a escala blues e aplicá-la à relação da pentatônica maior e menor. Tocar o desenho da escala blues como uma ideia da pentatônica maior é muito comum e é conhecido como escala *country*.

C Country scale

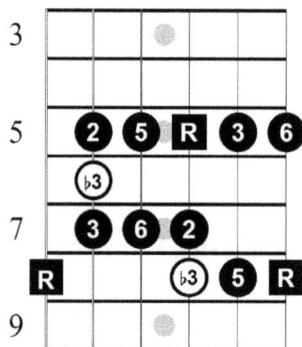

Essa não é uma escala tão abrangente a ponto de transformar qualquer um em mestre da palhetada de country, mas a combinação da doce tonalidade da pentatônica maior, com terça menor (b3) do tipo blues, cria um som único, presente na maioria dos solos de country.

Como acontece com a quinta diminuta (b5) na escala blues, a terça menor na escala country é uma nota de tensão que deve ser manejada com cuidado. O seu uso mais comum é como nota de aproximação cromática com relação à terça natural, como mostrado no lick a seguir.

Exemplo 5m:

Outra abordagem comum no solo de country é o uso de uma escala maior, junto de uma progressão de acordes completa em uma tonalidade. Por exemplo, a escala maior funcionará com qualquer acorde na tonalidade de G maior. Assim, em progressões de acordes como: G / Em / C / D7, você pode tratar os quatro acordes como vindos da escala de G maior. Vamos conferir algumas dessas escalas maiores e aprender alguns licks.

Aqui estão as escalas maiores mais importantes tocadas em posição aberta. Elas são grande parte do estilo da música country.

Primeiramente, toque o acorde notado para assimilar o som da tonalidade, então toque a escala lentamente o bastante para que você realmente *ouça* o que você está tocando. Tente ouvir cada nota antes de tocá-la, uma vez que, além de ajudar a desenvolver a percepção auditiva, também lhe coloca em uma posição de improvisação *reativa*.

Primeiro, há escala de C maior aberta (cordas soltas).

Exemplo 5n:

Aqui está um lick comum entre músicos de bluegrass. Ele mantém-se na escala, exceto pela terça menor (Eb) adicionada no final do lick.

Exemplo 5o:

O exemplo a seguir está na escala de G maior (G, A, B, C, D, E, F#). Quando for tocar essa escala, preste atenção à localização da nova nota (F#). Isso, além de lhe ajudar a perceber as diferenças entre as escalas, também lhe ajudará a descobrir onde as notas ficam no braço da guitarra.

Exemplo 5p:

Aqui está uma excelente e curta melodia de country, baseada na escala acima.

Exemplo 5q:

E outro lick que é um pouco mais desafiador.

Exemplo 5r:

O próximo exemplo está na escala de D maior, que introduz a nota C# (D, E, F#, G, A, B, C#).

Exemplo 5s:

Aqui está um lick utilizando a escala anterior. Como nos exemplos anteriores, a terça menor (F) foi utilizada para fazer o lick soar um pouco mais country.

Exemplo 5t:

A escala de A maior adiciona a nota G# à mistura (A, B, C#, D, E, F#, G#).

Exemplo 5u:

Esse lick em A maior mostra que, conforme você adiciona mais acidentes, os licks tornam-se um pouco mais difíceis de tocar.

Exemplo 5v:

A última escala aberta a aprender é a de E maior, que introduz a nota D# (E, F#, G#, A, B, C#, D#).

Exemplo 5w:

Aqui está um lick que você verá mais adiante em um dos solos. Observe como as notas que estão separadas por um tom estão conectadas com as notas de passagem cromáticas. Isso não é algo que precise de uma análise detalhada; o padrão ajusta-se muito bem sob os dedos e soa muito bem.

Exemplo 5x:

O próximo exemplo é uma típica linha de solo no estilo bluegrass, que utiliza a escala de G maior para dar uma ideia de quão incrivelmente músicos como Tony Rice ou Doc Watson utilizavam as posições abertas.

A parte mais complicada desse estilo é adquirir a disciplina para tocar as notas com cordas soltas, com os mesmos valores rítmicos das notas pressionadas. Muitos músicos utilizam a mão esquerda para manter a mão direita sob controle: quando um dedo pressiona a corda, você toca uma nota. No entanto, quando introduzimos notas com cordas soltas, essa automação se perde. Tenha paciência e certifique-se que você se sinta confortável combinando, uniformemente nessas escalas, notas de cordas soltas com notas pressionadas, visto que essa técnica irá se tornar muito importante mais adiante.

Exemplo 5y:

Aqui está outra melodia de bluegrass, mas dessa vez na tonalidade de D maior.

Exemplo 5z:

O desafio óbvio de todas essas cinco escalas "abertas", estudadas até agora, é que todas elas são digitadas diferentemente. No entanto, é possível utilizar uma forma móvel (igual a uma pestana) para tocar qualquer escala, independentemente da tonalidade em que você estiver.

Utilizando a escala pentatônica maior como ponto de partida, vamos inserir as outras notas necessárias para criar uma escala maior móvel.

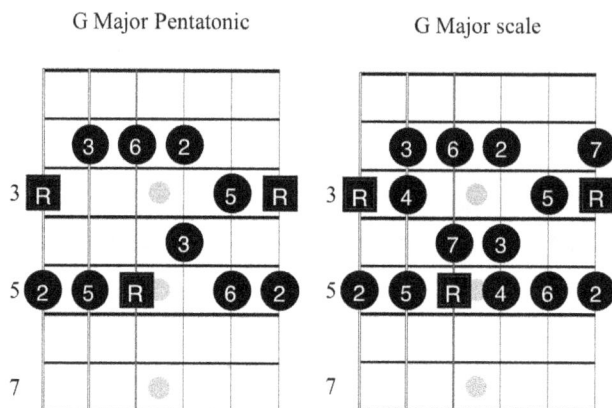

G Major Pentatonic   G Major scale

Apesar de essa não ser a única forma móvel existente, ela é um bom começo, quando se está solando em uma tonalidade maior.

O exemplo a seguir demonstra um lick de country tocado em quatro tonalidades diferentes, ao simplesmente mover o desenho para cima e para baixo no braço. Em comparação a desenvolver um vocabulário utilizando escalas de posição aberta, isso deve parecer fácil. Ao executar esse lick amplia-se o braço da guitarra.

Exemplo 5z1:

Até agora, cada exemplo foi demonstrado com acordes maiores. Apesar de acordes maiores definitivamente aparecerem no country, é muito mais comum encontrar progressões construídas a partir de acordes dominantes.

Um acorde de sétima da dominante consiste de um acorde maior com um grau de sétima menor. A escala "correta", para tocar-se com um acorde de sétima da dominante, é o "modo mixolídio", mas na música country o modo mixolídio normalmente é chamado de escala de sétima dominante ou visto como uma escala maior com uma sétima menor (b7).

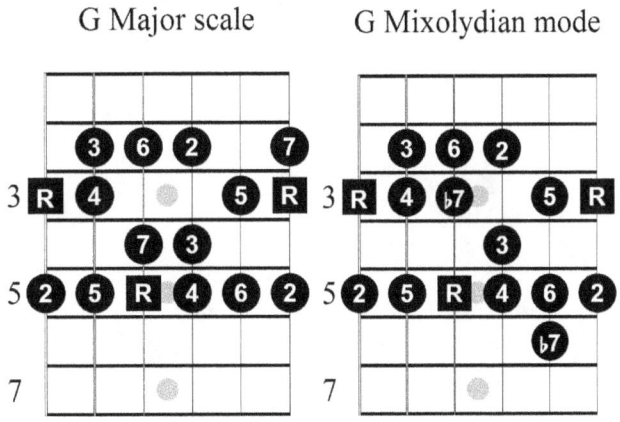

G Major scale   G Mixolydian mode

Frequentemente irei pensar na escala "G mixolídia" como a escala "G7", pois essa é a escala na qual o G7 se adapta. Ela contém os intervalos daquele acorde e é a minha escolha principal para criar ideias melódicas.

O exemplo a seguir apresenta o som da escala de sétima dominante, para mostrar detalhadamente a harmonia do G7. Observe o uso da nota Bb como nota da aproximação da terça do G7 (B).

Exemplo 5z2:

Aqui está outro lick que utiliza essa escala.

Exemplo 5z3:

O objetivo final é que você comece a ver todas as notas disponíveis, simplesmente como sons à sua disposição. Há doze notas, e cada uma delas possui um som único em diferentes acordes. Apesar de ser comum agrupar como "escalas" grupos de notas que soam bem, as outras notas continuam disponíveis. Elas simplesmente possuem sons que requerem mais tempo para serem dominados. É normal misturar e equiparar escalas para conseguir o som desejado.

Há muitas outras escalas, modos e arpejos para estudarmos, mas os músicos não constroem conhecimento estudando apenas teoria musical. A parte mais importante do conhecimento é adquirida através da experiência musical, portanto o próximo passo é adquirir uma ideia dos licks e vocabulário tradicionais do country e aprender como muitos músicos do estilo veem essa linguagem no braço da guitarra.

Capítulo Seis: Posições do CAGED

Um dos aspectos mais gratificantes da guitarra country é quanta consciência harmônica o gênero lhe fornece. Além disso, aprender a mover-se por todo o braço da guitarra é uma grande parte do som de todos os guitarristas desde Albert Lee até Johnny Hiland.

O método mais comum para visualizar o braço da guitarra é ver os licks e frases como ornamentos de pequenos desenhos de acordes. Essa técnica data dos anos de 1920 e nada mais é do que o senso comum: cada pequena forma de acorde é um fragmento de três notas (tríade), que é usado como uma âncora harmônica. Assim, é fácil decorar essa âncora com melodias, sem perder o som do acorde.

Com o tempo, essa abordagem de âncora expandiu-se em um sistema completo de visualização, que é ensinado em instituições por todo o mundo, devido à sua importância para a harmonia. Essa é a forma perfeita de raciocinar, quando se toca blues, jazz, e country. Esse sistema "CAGED" não é nada mais do que o resultado da geometria natural do braço da guitarra. Apesar de ser chamado de sistema CAGED, a abordagem, na realidade, lhe liberta completamente, permitindo-lhe tocar livremente em qualquer lugar do braço.

Até agora, você viu uma seleção de escalas que começam com a tônica na corda Mi (6ª corda). Isso representa 1/5 do sistema. Essa é uma boa parte dele, mas vamos dar um passo para trás e observar como a escala se ajusta dentro do sistema CAGED.

O sistema CAGED começa com cinco acordes abertos C, A, G, E e D.

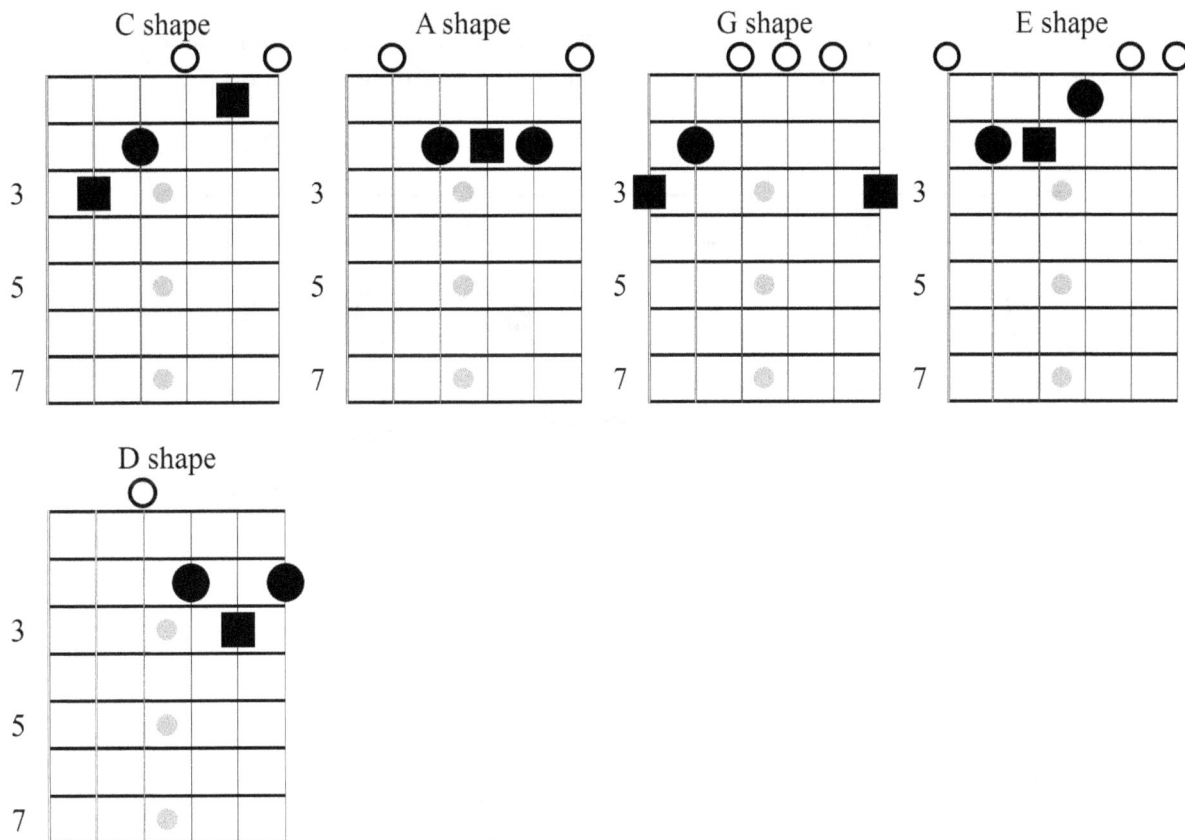

Dividi os acordes em duas categorias: a de acordes onde as notas estão "atrás" da tônica e a de acordes onde as notas estão "na frente" da tônica.

Por exemplo, no acorde de C maior a tônica é tocada com o dedo 3. As outras notas do acorde estão *atrás* dessa nota, visto que elas estão nas casas mais baixas (próximas à pestana da guitarra). O mesmo vale para o acorde de G maior.

No acorde de A maior, a tônica está na corda solta Lá (5ª corda), e as outras notas do acorde estão *na frente* (em casas acima) da tônica. Ambos os acordes de E maior e D maior pertencem a essa categoria.

Cada um desses desenhos de acordes do CAGED pode ser tocado com pestana e podem ser, portanto, tocados em qualquer lugar no braço. Por exemplo, mover o desenho do acorde C para cima, em alguns semitons, nos permite tocar os acordes de C# maior, D maior, D# maior etc.

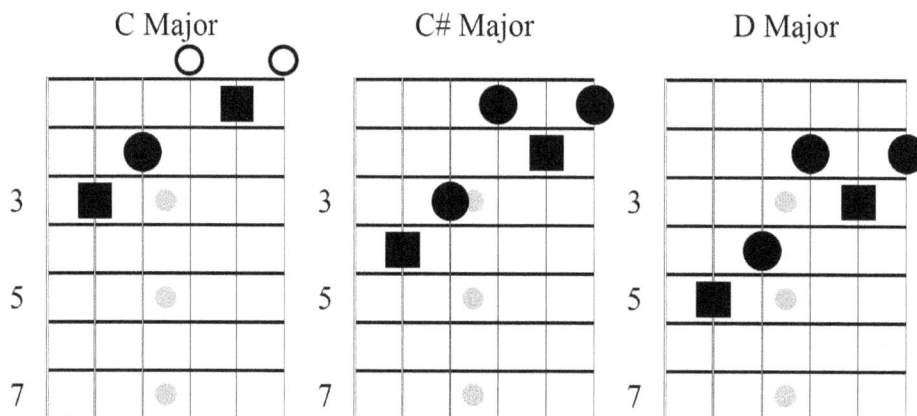

C Major   C# Major   D Major

Ao utilizar cada um dos desenhos do CAGED (e com um pouco de consciência sobre onde as tônicas estão no braço da guitarra) podemos tocar *qualquer* acorde em cinco lugares diferentes no braço.

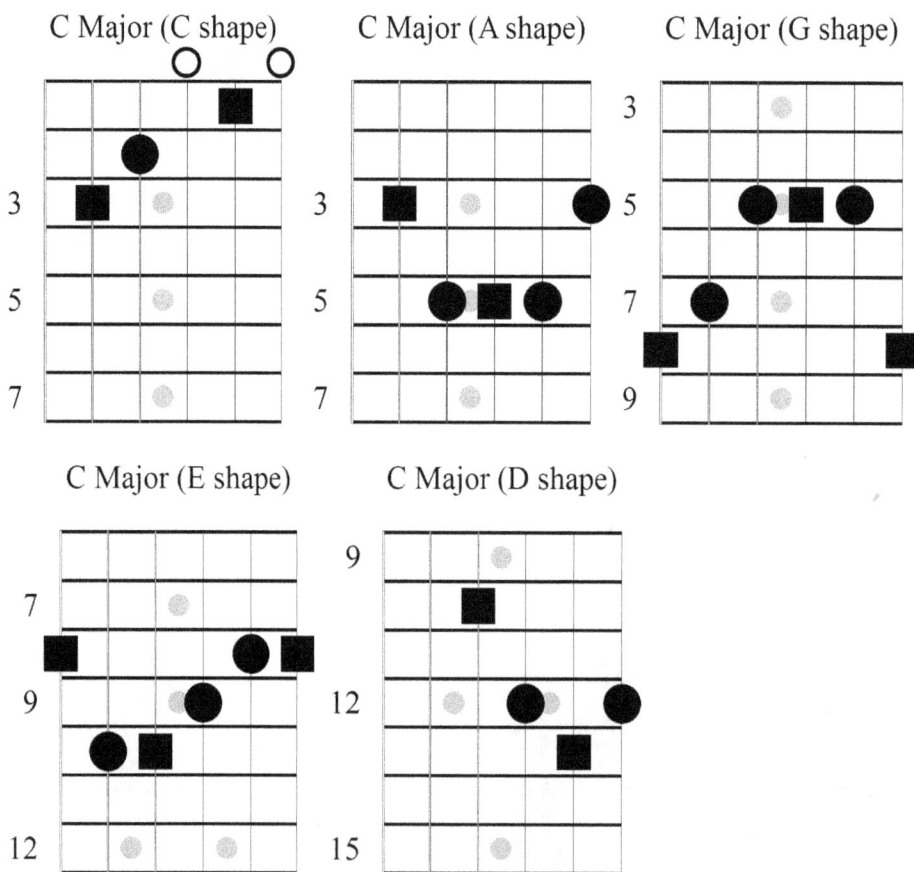

C Major (C shape)   C Major (A shape)   C Major (G shape)

C Major (E shape)   C Major (D shape)

Alguns desses desenhos compartilham o mesmo lugar de tônica, por exemplo: os desenhos de "A" e "C" do acorde de C maior têm uma tônica na 3ª casa. Aqui é onde a ideia de desenhos "na frente" e "atrás" fica importante. Tente não ter muita inclinação para um desenho específico, assim você poderá preencher algumas lacunas no seu conhecimento do braço da guitarra. É normal sentir-se mais preparado em algumas posições do que outras, mas você não deseja deixar partes inexploradas no braço.

O próximo exemplo demonstra como esses pequenos fragmentos harmônicos (tríades) se apresentam no braço e como eles se relacionam com os acordes do CAGED. Cada grupo de três notas contém as notas adjacentes: C, E e G.

O primeiro compasso cai ao redor do desenho do acorde de A do sistema CAGED.

O segundo compasso cai ao redor desenho de E, e o compasso 3 cai ao redor do desenho de C.

Você logo notará que muitas músicas na guitarra country são construídas com base nessas formas básicas de acordes.

Exemplo 6a:

Essas tríades podem ser usadas para tocar ideias interessantes com acordes, em qualquer progressão:

Exemplo 6b:

Aqui temos o mesmo mapa da tríade, mas apresentado melodicamente. A parte boa é que essa abordagem não soa como se estivéssemos tocando escalas: na maior parte do tempo você está tocando as notas da tríade, porém ornamentando-as com notas em um semitom abaixo. É assim que os primeiros músicos de country abordavam o solo, pois que isso resulta em solos com um forte senso de harmonia.

Exemplo 6c:

Essa é também a minha abordagem quando solo. Mesmo quando toco muitas notas, tudo o que estou fazendo é decorar três ou quatro pequenos voicings de acorde que imagino no braço.

Para que você veja como essa abordagem é aplicada no country, compus um exemplo com um vamp de A7. Confira os três diagramas a seguir que mostram uma tríade de A e uma de G (três notas encontradas no modo mixolídio de A).

As tríades são mostradas como notas pretas, enquanto as outras notas do acorde de A7 (que uso para melodia) estão branqueadas.

Agora vamos utilizar esse mapa para navegar da área da 9ª casa até a área 5ª casa, de forma interessante e harmonicamente forte. Esse lick não soa como se estivesse indo para cima e para baixo nas escalas, mas em vez disso cria algo excitante e imprevisível.

Exemplo 6d:

Aqui está outro lick que utiliza o mesmo mapa. Ele é um pouco mais desafiador de tocar e demonstra que é possível interpretar os desenhos (posições) do CAGED de diversas formas.

O lick começa abordando a terça em um semitom abaixo e ascende na escala, antes de tocar duas notas do acorde de A7 como um *double-stop*. No segundo compasso, o *double-stop* move-se para baixo para visar duas notas do acorde de G maior e criar um belo som de G/A. Em seguida, se move para baixo para o desenho de E na 5ª casa, com um típico lick de country para finalizar.

Exemplo 6e:

Construir a conexão entre padrões de acordes e escalas é essencial, quando se navega no braço fluentemente, portanto dedique um tempo para estudar atentamente cada um dos diagramas a seguir. Primeiro, encontre a tônica do acorde (marcada como um quadrado preto), então o acorde deve surgir na sua mente (as notas pretas nos diagramas). Finalmente, adicione as notas da escala ao redor do acorde (indicadas pelas notas brancas).

O primeiro desenho do sistema é o de C. Em preto, estão as notas do acorde. Ao redor delas, você tem as notas necessárias para transformar o acorde em uma escala.

E7 (C shape)

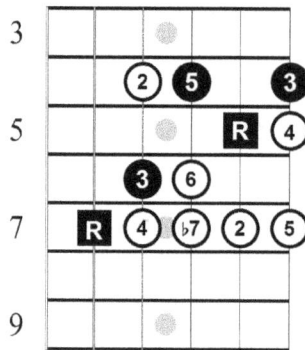

A seguir temos um lick com o acorde de E7, montado com o desenho de C. Como usual, a terça menor (b3) é utilizada como uma nota de aproximação da terça do acorde.

Exemplo 6f:

Aqui está outro lick com o mesmo desenho do exemplo anterior.

Exemplo 6g:

O próximo acorde é um E maior, tocado com o desenho de A. A tônica pode ser encontrada na corda Lá (5ª corda) e pode ser tocada com o dedo 1 (para tocar o acorde) ou com o dedo 2 (para tocar a escala).

E7 (A shape)

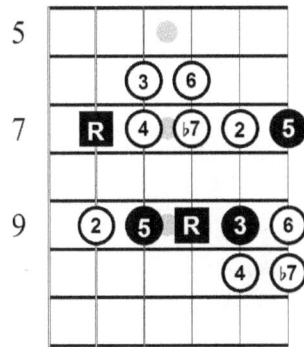

E aqui está um lick com o desenho acima, que lhe dá uma ideia de como essa área pode ser usada.

Exemplo 6h:

Aqui está outro lick baseado no desenho de A, mas dessa vez utilizando alguns *double-stops* que se ajustam muito bem sob os dedos.

Exemplo 6i:

O desenho de G é frequentemente ignorado, mas nos dá muitas oportunidades para criar melodias.

E7 (G shape)

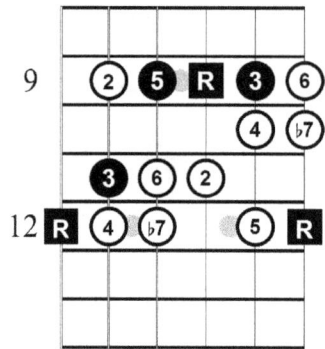

Esse lick utiliza um *bend* clássico no estilo da guitarra pedal steel e algumas ideias na escala de country.

Exemplo 6j:

Aqui está um segundo lick com o desenho anterior, que demonstra as infinitas possibilidades encontradas em cada área do braço.

Exemplo 6k:

O desenho de E é o desenho mais comum. De fato, ele foi abordado no capítulo anterior. Ele foi incluído aqui para complementar o assunto.

E7 (E shape)

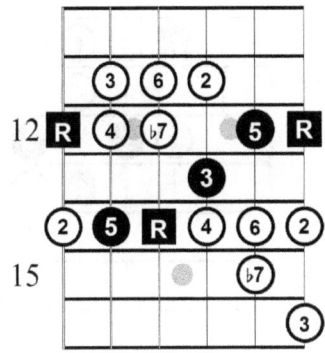

Aqui está outro lick com esse desenho, feito para expandir o seu vocabulário ainda mais.

Exemplo 6l:

E mais uma ideia aqui, dessa vez utilizando algumas notas de passagem cromáticas para conectar as notas da escala.

Exemplo 6m:

Finalmente, aqui está o desenho de D.

E7 (D shape)

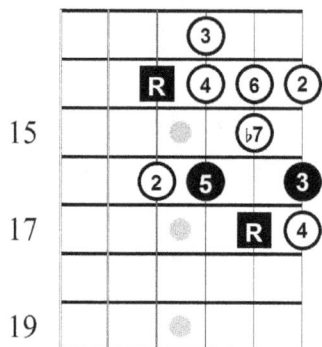

Acho esse desenho um pouco difícil de usar quando solo. Eu o utilizo, mas geralmente quando me movo para cima no braço para o desenho do C ou para baixo para o de E. Aqui está uma ideia com o desenho de D.

Exemplo 6n:

```
mf
T--------15-17-----15-14-15-14------14-15-17----14-16-15-14------15-14-------------------------------
A-----------16--------------16------------------------------17-------16-15-14----12-13-------14-------
B--------------------------------------------------------------------------------16----------------
```

Aqui está um exemplo que une diferentes posições da escala de E maior. Preste atenção às notações acima da tablatura, para ver onde acontece a mudança do desenho do CAGED.

Exemplo 6o:

(C shape)   (A shape)   (G shape)

```
mf
T----------------4-6-7-6-4--------------------------------------------6----9-8-7-9----8-9-----7-10----12--
A-------5-6----------------7-----5-6------------7----6-7-6----6-7-9-------------------------------------
B------------------------------------7----5-7-9---------7--------9------------------------------------
```

Aqui está uma ideia final em E maior que começa na parte de cima do braço e move-se para baixo, de uma forma que nos faz lembrar do mestre de Nashville, Brent Mason.

Exemplo 6p:

Agora, para unir tudo o que estudamos, há um exemplo com esse vocabulário musical sendo utilizado com a progressão de acordes: G7 – A7 – D7 – G7.

Com o acorde de G7, tocamos o lick do exemplo 6p que foi movido para baixo no braço para abrigar o acorde de G7, em vez do E7 visto anteriormente.

Para tocar o acorde de A7, mova-se para cima duas casas e toque-o com o desenho de E novamente. Então, mova-se para o desenho de A para tocar o acorde D7, com um lick reminiscente do exemplo 6h. O lick então resolve no desenho de E, visando a terça do G7 (B).

Exemplo 6q:

Aqui está outro exemplo com a mesma sequência de acordes.

Dessa vez, você começa no desenho de A, com um lick similar do exemplo 6h, movido para cima com o acorde de G7. Visto que você está na área da 10ª casa, ir para o acorde de A7 é tão fácil como mover-se para o desenho de C, que é alcançado ao repousar-se na quinta do A7 (E).

É possível continuar nessa área do braço para tocar o D7, basta mudar para o desenho de E (tocado na 10ª casa). Para tocar o G7 movi-me para baixo no braço, tocando o G7 com o desenho de C, visando a terça do G7 (B).

Exemplo 6r:

Estar consciente desses pequenos desenhos de acordes, conforme você se move no braço da guitarra, contribuirá para que seus licks soem musicais, em vez de apenas tocar escalas para cima e para baixo, só porque elas colocam automaticamente ênfase nas notas do acorde. Essa abordagem requer tempo para ser dominada, mas, uma vez que essas estruturas forem assimiladas, você conectar-se-á com o braço da guitarra imediatamente.

Capítulo Sete – Licks com Intervalos de Terças e Sextas

O modo de tocar guitarra country foi fortemente influenciado por outros instrumentos, e nenhuma dessas influências são tão notáveis como as ideias em *double-stops*, encontradas na rabeca ou na guitarra lap/pedal steel.

Essas ideias com intervalos não apenas lhe darão um som autêntico de country, mas também abrirão os seus ouvidos para novas ideias, além de encorajar-lhe a evitar tocar apenas escalas ascendentes e descendentes.

Tocar terças diatônicas consiste em selecionar uma nota e então tocar uma nota uma terça acima na escala. Por exemplo, na escala de C maior (C D E F G A B) uma terça acima da nota C é E, uma terça acima de D é F e assim por diante.

No entanto, tocar intervalos isolados não dará a você um som de country. O exemplo a seguir é composto por terças diatônicas dentro da escala de G maior, mas ele tem um som mais mecânico e "neoclássico", que você esperaria de um músico como Paul Gilbert.

Exemplo 7a:

Você perceberá que alguns intervalos estão nas mesmas cordas e que alguns estão nas cordas adjacentes. Tocar intervalos em diferentes cordas tem duas vantagens. Primeiro, as notas podem soar umas sobre as outras, se esse for o som desejado. Segundo, você pode tocar pares de cordas, na parte de cima e de baixo do braço da guitarra, em vez atravessar o braço em um desenho de escala.

Aqui está um exemplo que utiliza terças diatônicas, no modo mixolídio de G, para apresentar o acorde G7. Esse padrão consiste em tocar a nota grave do par, a nota mais acima no braço, repetir a nota grave e fazer um *slide* para o próximo intervalo.

Exemplo 7b:

Quando for fazer isso, é muito útil ser capaz de visualizar os desenhos dos acordes como um ponto de referência. Isso lhe abre um caminho no intervalo e uma forma de resolvê-lo.

Abaixo, há terças do G mixolídio nas cordas Sol (3ª corda) e Si (2ª corda), visualizadas com base nos desenhos com pestana de E, C e A. Observe que os desenhos dos acordes são mostrados como notas em branco, com as notas dos pares de terça em preto e conectadas por linhas.

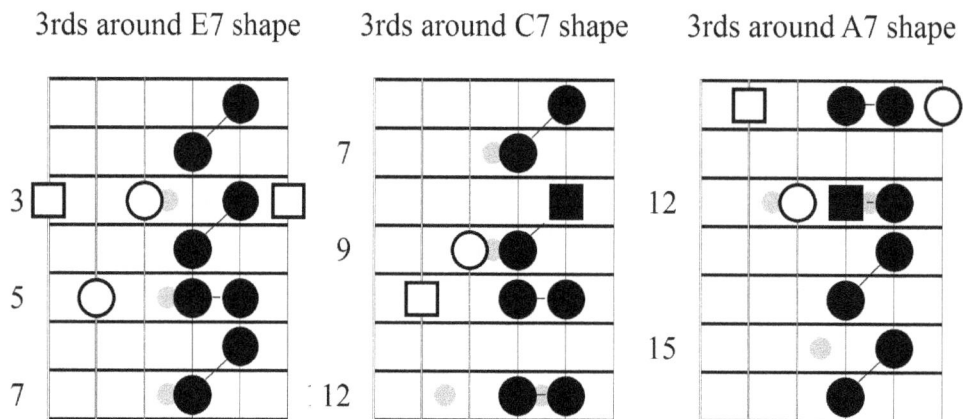

3rds around E7 shape   3rds around C7 shape   3rds around A7 shape

Aqui está um lick que utiliza essas terças como uma forma de ir do desenho de E na 3ª casa para o desenho de A na 10ª casa.

No primeiro compasso, o lick é similar a uma ideia apresentada várias vezes nesse livro: uma mistura de escala pentatônica com o acorde de G7, utilizando a terça menor e maior. No segundo compasso, o lick ascende no braço utilizando terças e resolve no desenho de A.

Exemplo 7c:

Uma forma mais clara de entender esse tipo de ideia pode ser vê-la no braço, em vez de vê-la como um lick. A forma como você vai do ponto A ao B não é tão importante, apenas foque no conceito.

3rds Around G7 CAGED Shapes

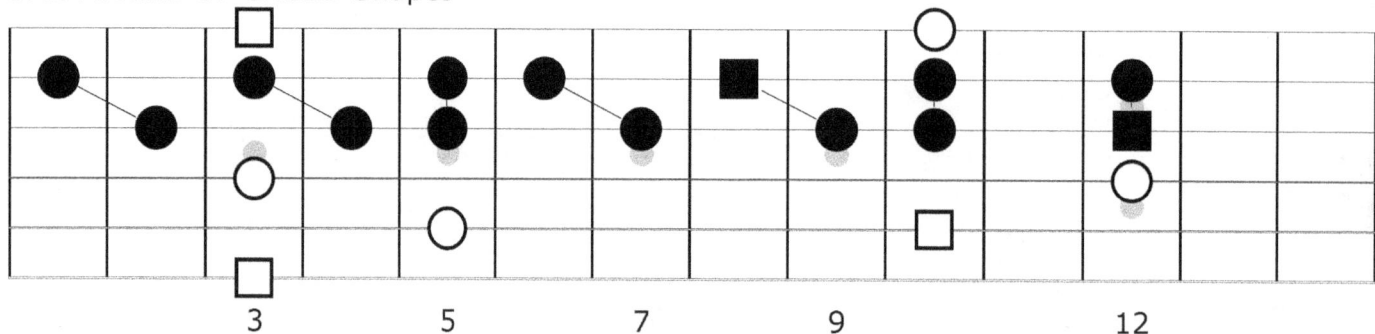

Outra forma de utilizar essas terças é como extensões de fragmentos melódicos que você já conhece. O lick a seguir gira em torno do desenho de E e utiliza notas com as quais você já está familiarizado. Para desenvolver um pouco mais a ideia, adicionei o intervalo de terça abaixo do desenho do acorde.

Exemplo 7d:

Uma abordagem similar pode ser aplicada em qualquer posição. Tocar terças com o acorde de C como uma estrutura pode resultar na ideia a seguir. Como acontece com muitos licks, a combinação de terças menor e maior é parte essencial de um som.

Exemplo 7e:

Uma das opções apresentadas pelas terças é a possibilidade de conectar dois desenhos de acordes, com notas de passagem cromáticas. Isso funciona muito bem quando se toca guitarra rítmica, como mostrado no exemplo seguinte, inspirado na guitarra pedal steel.

Exemplo 7f:

Aqui está outro exemplo com acordes, dessa vez descendendo no braço, do desenho de E de um acorde G7, para proporcionar um final que se ajustaria bem em uma música de swing.

Exemplo 7g:

Também vale a pena notar que essas ideias não são limitadas às cordas Sol (3ª corda) e Si (2ª corda), como o exemplo a seguir baseado nas cordas Si e Mi (1ª corda) mostra.

3rds for G7 on B and E strings

Exemplo 7h:

Aqui está um exemplo com as cordas Sol (3ª corda) e Ré (4ª corda). Isso seria uma ótima forma de tocar a guitarra rítmica moderna de country em uma balada lenta.

3rds for G7 on D and G strings

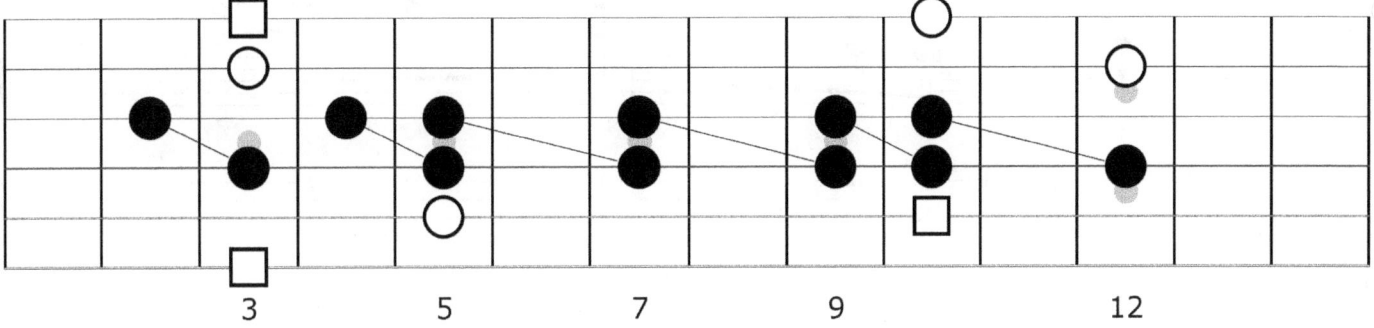

Exemplo 7i:

As terças são frequentemente consideradas como sendo de sonoridade "doce", quando usadas melodicamente, mas a sexta tem um som tão doce quanto às terças.

O intervalo de C para E é de uma terça, mas se você *inverter* o intervalo e ir de E para C, você cria uma sexta (E F G A B C). Terças e sextas são muito relacionadas, apesar de cada uma ter o seu próprio som.

O exemplo a seguir demonstra como um guitarrista clássico poderia tocar as sextas diatônicas na tonalidade de G. Elas soam bem, mas são difíceis de tocar dessa forma.

Exemplo 7j:

Uma forma mais fácil e mais prática de tocar sextas é em pares de cordas, como nas cordas Sol (3ª corda) e Mi (1ª corda), mostradas abaixo na tonalidade de G.

Exemplo 7k:

6ths with chromatic passing notes over G7

Aqui está a mesma ideia básica, mas dessa vez juntei desenhos paralelos com notas de passagem cromáticas. As sextas não-diatônicas (cromáticas) estão entre parênteses. Elas soam muito bem como notas de passagem, mas você não gostaria de colocá-las na batida forte do compasso!

Exemplo 7l:

Aqui está um exemplo de como essas sextas podem ser usadas, quando se está solando e criando melodias. Começando com a escala pentatônica maior de G, o lick rapidamente ascende até a 7ª casa e desce até as sextas, terminando na terça (B).

Exemplo 7m:

A seguir está um exemplo que utiliza notas de passagem cromáticas entre os intervalos de sexta. O lick começa com um clichê de bluegrass, antes de ascender no braço e executar as sextas em torno dos desenhos de E e C.

Exemplo 7n:

Igual às terças, você pode achar mais fácil ver esses conceitos no braço da guitarra, em vez de em um lick.

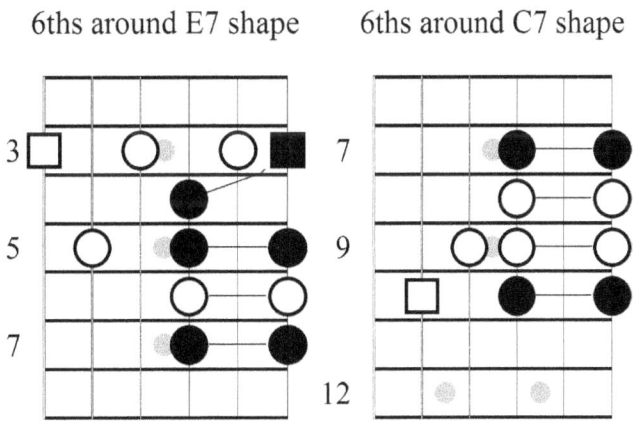

6ths around E7 shape   6ths around C7 shape

Novamente, essas ideias não são limitadas a um grupo de cordas e podem ser exploradas nos grupos de cordas: Ré e Si, Lá e Sol, e Mi e Ré.

6ths with chromatic passing notes over G7

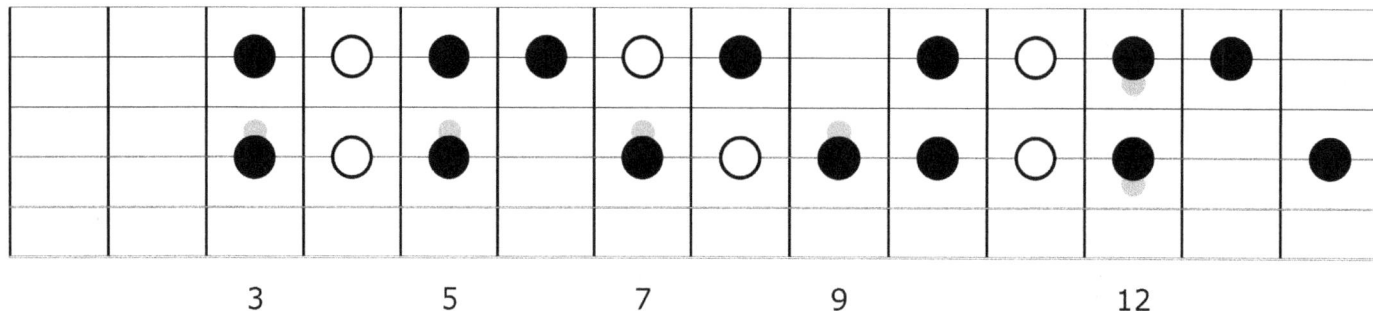

3   5   7   9   12

Aqui está um exemplo com o acorde A7 que apresenta sextas nas cordas Lá (5ª corda) e Sol (3ª corda). O lick começa com o desenho aberto de A e ascende até o desenho do acorde de E. A segunda metade do lick salta até as cordas Sol e Mi (1ª corda), para terminar com um final similar às ideias anteriores.

Exemplo 7o:

mf

```
   9—8—7—4—5—                  5—
2—2——————2——  4——  6——  9—8—7—5—6—  7——  5—5—
2—1—0———                          7—   5—6
      2—4—   4—5—   5—7—                        0—
```

Outra forma popular para ornamentar essas ideias em sexta é com a utilização da técnica *chicken picking*. A nota mais grave de cada sexta é abordada cromaticamente em um tom abaixo, antes da nota mais aguda ser dedilhada agressivamente com um dedo da mão direita. Músicos de country mais antigos provavelmente tocariam todas as três notas com um *slide* com o dedo 3. Isso certamente não é tão preciso quanto utilizar um dedo por casa, mas é algo cheio de atitude.

Exemplo 7p:

mf
P.M.- - - -¦   P.M.- - - -¦   P.M.- - - -¦   P.M.- - - -¦   P.M.- - - -¦

```
        5—        7—         9—       7—       5—
4—5—6—   5—6—7—   7—8—9—   5—6—7—   4—5—6—
```

76

Aqui está um exemplo similar, mas que dessa vez descende no braço e resolve com uma típica imitação do *bend* da guitarra pedal steel.

Licks como esse são muito comuns no estilo de grandes músicos como Roy Nicholes.

Exemplo 7q:

Aqui está um lick final mais avançado, em A, que apresenta terças e alguns *slides* com sextas.

Exemplo 7r:

Apesar de as terças e sextas não serem os únicos intervalos que você encontrará no estilo dos ícones da guitarra country, eles são os mais comuns e idiomáticos no gênero.

Capítulo Oito – Habilidades no Bend

Uma das ferramentas mais presentes no arsenal do guitarrista de country é o *bend*, e ele é um dos efeitos mais únicos disponíveis em instrumentos de cordas, como a guitarra.

A guitarra elétrica no country toma influência e inspiração da rabeca, como também da guitarra pedal steel. Uma das melhores maneiras de entender o vocabulário do country é ouvir outros instrumentos e adaptar as suas ideias para a sua própria guitarra.

Desenvolvida a partir da guitarra havaiana, a guitarra pedal steel foi concebida nos anos de 1940 para oferecer mais opções musicais aos músicos. A guitarra havaiana é um instrumento de dez cordas, afinado em um acorde aberto (normalmente o E9), e tocado com uma grande barra de metal (conhecida como barra de tom). Mas isso parecia muito limitado para muitos músicos, então os engenheiros começaram a criar sistemas mecânicos complexos que podiam alterar o tom de uma corda, através do uso de um pedal. Com o tempo, isso resultaria em uma configuração de três pedais e quatro alavancas de joelho, que aumentam ou abaixam o tom de diferentes cordas.

Esses pedais permitiram aos músicos tocar um acorde e em seguida alterar a tonalidade de uma ou mais notas, enquanto as outras continuavam estáticas. Esse tipo de som é icônico e essencial na música country, portanto dê-lhe a atenção que ele merece ouvindo e imitando o seu caráter único, sempre que puder.

Músicos notáveis de guitarra pedal steel incluem: Speedy West, Buddy Emmons, Paul Franklin e Randle Currie, para citar apenas alguns.

Uma das maiores diferenças que você encontrará entre os guitarristas de country e os guitarristas de blues ou rock é que no country se coloca bastante importância na nota para qual o *bend* está *indo*, em vez de apenas fazer-se o *bend* para criar um efeito musical.

Outras diferenças notáveis, entres as notas do *bend* no country e as notas do *bend* em outros gêneros, é que no country você fará o *bend* em uma nota *enquanto* sustenta as outras. Para executar esses *bends*, a força deve vir do dedo, em vez do pulso. Lembre-se que você está imitando uma guitarra pedal steel, portanto você deseja que o som soe tão mecânico quanto possível. Não hesite! Faça o *bend* diretamente como se ele fosse feito por um pedal mecânico.

O primeiro exemplo baseado na guitarra pedal steel está na tonalidade de A maior. Ele seleciona as notas B e E e faz um *bend* de um tom na nota B (a nona) até a C# (terça), para criar uma tríade de A maior. Para executar esse *bend*, fixe o dedo 3 na 5ª casa, enquanto os dedos 1 e 2 ficam na 4ª casa e trabalham juntos para dar suporte ao *bend*.

Exemplo 8a:

O exemplo anterior pode ser expandido ao adicionar-se a tônica (A) na corda Mi (1ª corda).

Quando você for ler esses diagramas, saiba que as notas a serem tocadas estão em preto, enquanto as notas do acorde estão em branco. Isso permite que você veja as notas que você está tocando e o lugar que cada *bend* objetiva.

Steel Bend 2-3

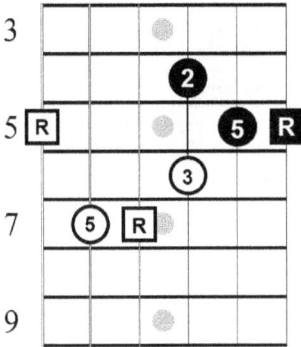

Exemplo 8b:

O próximo exemplo ascende no braço da guitarra para fazer um *bend* da nona (B) até a terça (C#), enquanto mantém a quinta (E) na corda Mi (1ª corda). Essa configuração se ajusta no desenho do acorde de A do sistema CAGED.

Steel Bend 2-3

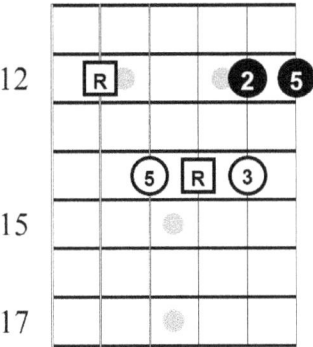

Exemplo 8c:

Aqui, essa ideia com *bend* é utilizada em um lick que descende no braço, enquanto apresenta o acorde de A maior. Note o uso dos intervalos de terça do capítulo anterior.

Exemplo 8d:

Outra ideia comum, inspirada dos guitarristas de pedal steel, é fazer um *bend* em uma nota e mantê-lo enquanto toca as outras notas.

Exemplo 8e:

O exemplo a seguir mostra um *bend* da sétima menor (G), na corda Si, até a tônica (A). Isso é tocado em contraste com a terça (C#) e a nona (B).

Exemplo 8f:

O próximo lick combina algumas das ideias anteriores para criar uma linha que funcionaria bem em qualquer solo.

Exemplo 8g:

Aqui está uma ideia que combina as sextas do capítulo anterior com o *bend* do primeiro exemplo, inspirado na guitarra pedal steel.

Exemplo 8h:

Também podemos utilizar esses *bends* no *topo* da melodia e colocar as notas estáticas embaixo da mesma.

Aqui está outra forma de tocar o acorde de A. Mantenha as notas estáticas nas cordas Lá e Ré e faça um *bend* na nota da corda Sol, com o dedo 1.

Steel Bend 2-3

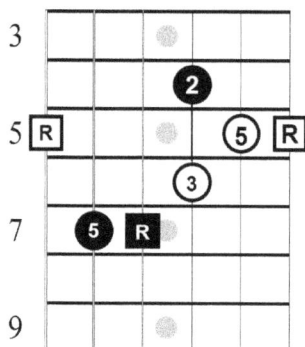

Exemplo 8i:

Aqui está outra forma legal de aplicar esse conceito que é fazer um *bend* da quinta até a sexta, com a sétima menor (b7) e a terça embaixo.

Steel Bend 5-6

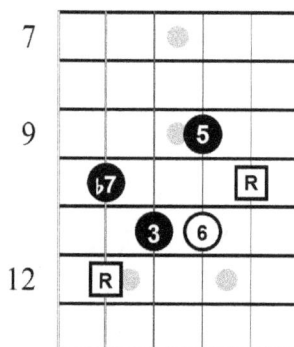

Quando utilizada em contexto, essa é uma forma legal de ir do acorde de A até o de D.

Exemplo 8j:

Também é possível fazer *bends* em notas posicionadas no meio dos acordes, no entanto isso requer o uso de um *B-bender* (sistema mecânico de *bend* que é ativado ao atar a correia da guitarra a uma roldana com alavanca). Muitas empresas como a Hipshot e a Bigsby produzem acessórios que simulam esse sistema.

Exemplo 8k:

Aqui está um exemplo que se baseia em *bends* na corda Sol. Começando com um *bend* da quinta para a sexta na corda Sol, a tônica e a sétima menor (b7) são tocadas em contraste na corda Si. Note a tensão agradável entre as notas F# e G, conforme elas soam uma sobre a outra.

O quarto compasso estende a ideia ao ascender até a 12ª posição, fazer um *bend* da sétima menor (G) até a tônica (A) e tocar a terça (C#) na corda Si.

Exemplo 8l:

A seguir, há outra ideia com as cordas Si e Mi (1ª corda), que descende no braço da guitarra.

Exemplo 8m:

Agora, os *bends* são tocados na corda Sol, e a nota melódica está na corda Mi (1ª corda), permitindo-lhe criar alguns intervalos melódicos longos.

Exemplo 8n:

Finalmente, aqui está um lick que combina um *bend* na corda Sol com uma nota estática na corda Ré. Faz-se um *bend* da nota Si (segunda) até a C# (terça), criando assim o som do A7. Utilizar *bends* como esse é comum entre os guitarristas de country mais "tecnológicos".

Exemplo 8o:

Esses licks não são fáceis, mas ilustram a importância de termos um contexto. Em qualquer momento, o solista de country estará sempre consciente do acorde que estiver sendo tocado, para que a sua escolha de notas tenha o máximo de impacto. Em nenhuma situação isso foi tão verdadeiro quanto com os *bends*.

Para demonstrar essa consciência, aqui está uma pequena ideia tocada na progressão G7 – A7 – D7 – G7, abordada previamente.

O lick começa com a execução do acorde de G7, com um *bend* da nona para a terça na corda Si, e uma melodia na corda Mi (1ª corda). Esse lick é a ideia espelhada do exemplo 9e.

Para mostrar o A7, descemos no braço para fazer um *bend* da sétima menor até a tônica na corda Si, como pode ser visto no exemplo 9f.

Para tocar o acorde de D7, subimos no braço para o desenho de E e fazemos um *bend* da nona até a terça, uma vez que essa posição lhe permite retornar suavemente ao G7.

Exemplo 8p:

Capítulo Nove – Faixa de Pop

Um dos maiores desafios de um grande guitarrista de country (ou de qualquer outro guitarrista) é adquirir a habilidade de tocar a parte *correta* da música. Frequentemente, os guitarristas esquecem que eles só estarão em evidência 5% do tempo e que o tempo restante tem a ver com ajustar-se e fazer adições criativas à música.

Para demonstrar essa ideia, compus uma curta faixa para você, na tonalidade de E maior, similar ao que você esperaria ouvir de um pop star do country moderno como Miranda Lambert ou Carrie Underwood. Nesse capítulo, você aprenderá a faixa em uma seção por vez e verá a melhor forma de tocá-la.

Trabalhos de sessão são uma grande fonte de renda para muitos guitarristas de country, desde lendas como Brent Mason e Dan Huff, até talentosos jovens músicos como Daniel Donato e Andy Wood. Entender como melhor se encaixar em uma banda e saber o seu lugar é o segredo para conseguir esse tipo de trabalho!

Primeiro, você precisará aprender a progressão de acordes da introdução. Como você pode ver, ela possui três acordes: E, A e B7 (I, IV e V7, respectivamente). Eu palheto esses acordes em um violão para criar o efeito percussivo agradável, que você consegue com uma palheta fina e uma guitarra de som brilhante.

A única parte complicada dessa progressão está no oitavo compasso, uma vez que ele está no tempo 2/4. Portanto, apesar de você contar até quatro na maioria da faixa, o oitavo compasso contém apenas duas batidas, logo, a partir do sexto compasso, você contará:

1, 2, 3, 4, **1**, 2, 3, 4, *1*, *2*, **1**, 2, 3, 4.

A razão pela qual isso foi feito é que eu simplesmente gosto da sua sonoridade. Isso tem influência da música "I don't even know your name" de Alan Jackson, do seu álbum Who I Am, de 1994.

Exemplo 9a:

86

O solo de introdução apresenta um compasso anacruse, que é uma frase curta tocada antes do primeiro compasso para introduzir-lhe na música.

Cada acorde é abordado com *bends* do tipo guitarra pedal steel, apesar de os três primeiros compassos terem uma forte semelhança com a escala pentatônica maior de E.

Visando o acorde de B, a posição do solo desce até o desenho de E na 7ª casa, para tocar um *bend* similar no acorde de E.

Exemplo 9b:

A seção do verso utiliza os três acordes da introdução, mas agora com o acorde IV (A) como "morada". Para dar apoio ao vocalista, a parte da guitarra foi bastante simplificada: apenas toque os acordes no contratempo.

Ritmos sincopados funcionam muito bem em situações heterogêneas como essa.

Exemplo 9c:

O próximo exemplo mostra uma forma alternativa de tocar a seção do verso utilizando *double-stops* e *bends* para salientar os acordes.

O lick com o acorde de E maior no sexto compasso é uma ideia complexa com um *bend* em *double-stop* na 4ª casa, seguido pela corda Mi (1ª corda) solta.

Essa ideia funciona melhor em uma guitarra de ponte fixa, como a icônica Telecaster. Se você estiver com uma Stratocaster (ou alguma similar), essas ideias com *bend* frequentemente ficarão um pouco fora de tom, mas pressionar um pouco a ponte com o calcanhar da mão pode ajudar.

Exemplo 9d:

Aqui está outra ideia de solo que se ajusta aos acordes da introdução (que agora estão no refrão). Os dois primeiros compassos utilizam a pentatônica maior de E, mas terminam na nota A. O terceiro compasso apresenta algumas sextas descendentes com o acorde de E maior, movendo-se em seguida para uma ideia com *bend* para salientar o acorde de B maior.

Os dois compassos seguintes utilizam sextas, mas dessa vez com tercinas abafadas na corda Ré, seguidas por uma melodia ascendente, clássica no bluegrass, na escala country de E. No compasso de 2/4, há uma repetição de um *bend* de guitarra pedal steel no acorde que poderia ser confundido com o acorde de E maior, mas que é o acorde de B maior.

Exemplo 9e:

O próximo exemplo fica em algum lugar entre a guitarra rítmica e a solo, misturando *double-stops*, baseados em terças que salientam os acordes, com frases de nota única para adicionar variedade.

Estudar ideias como essa lhe ensinará como cada uma delas se ajusta em um desenho mais amplo do CAGED e como essas formas maiores são usadas para salientar as mudanças de acordes.

Exemplo 9f:

Há muitas formas de abordar uma faixa como essa, mas essas ideias dar-lhe-ão bastante coisa para digerir. A coisa mais importante é ouvir os grandes músicos e ver como eles lidam com músicas como essa.

O country ainda é uma grande parte da cena de música nos EUA, frequentemente incorporando muitas influências contemporâneas, que o mantém atual.

Capítulo Dez – Faixa de Rockabilly

Como mencionado na Parte Um, o country antigo foi influenciado por uma gama de estilos, que então se tornaram um gênero próprio: o rockabilly. De Chet Atkins até o grande Scotty Moore, ele foi uma mistura do rock antigo e do hillbilly (por isso o nome "rockabilly"), que seria a base da carreira de Elvis Presley.

Músicos como Brian Setzer e Danny Gatton trouxeram tendências excitantes para o rockabilly, mas ele nunca perdeu a sua influência country. Músicos como James Burton mantiveram o estilo vivo, quando Scotty Moore deixou a banda de Elvis.

Uma parte importante do estilo de Scotty era como o seu vocabulário girava em torno de desenhos básicos com pestana do CAGED, mais frequentemente os desenhos de E, A e C. Scotty também utilizava uma dedeira para polegar, mas não é necessário que você use uma, visto que esses exemplos podem ser tocados facilmente com uma palheta (James Burton, Albert Lee e Danny Gatton certamente não precisavam de dedeiras para polegar!). No entanto, se você nunca usou uma dedeira, vale a pena tentar!

Além de Scotty, outros músicos notáveis que utilizaram exclusivamente dedeiras para polegar são: Brent Mason, Jerry Reed, Scotty Anderson e, é claro, Chet Atkins.

O primeiro exemplo é uma introdução simples à palhetada de Merle Travis e, apesar de essa técnica em si poder render um livro, as habilidades básicas são relativamente fáceis de aprender. Como nos exemplos do capítulo quatro, toque as notas com hastes viradas para baixo utilizando a palheta, nas notas das cordas Mi (6ª corda), Lá e Ré, e os dedos da mão direita para tocar as notas nas cordas: Sol, Si e Mi (1ª corda).

Exemplo 10a:

O exemplo a seguir apresenta um padrão de palhetada alternativo que você ouvirá em músicos como Scotty Moore ou em modernos músicos de dedilhado, como Buster B Jones.

Vale a pena estudar a linha do baixo primeiro, até que o movimento da palhetada esteja automático, para então adicionar a melodia.

Exemplo 10b:

A ideia seguinte é um exemplo mais longo sobre como formular um ritmo de música em 12 compassos de blues, utilizando padrões de palhetada. Aqui, no entanto, alonguei a sequência por 24 compassos, devido ao tempo rápido.

Você perceberá alguns truques utilizados para ajudar a empurrar a peça adiante, como linhas de baixo que se movem entre as mudanças de acordes. Elas não devem ser um problema, se estudadas lentamente. Adicione um pouco de delay *slapback* e experimente com ele!

Exemplo 10c:

Quando estiver solando em um cenário como esse, você pode ser o único guitarrista em uma pequena banda ou um pode estar tocando com um grande grupo de músicos. De qualquer forma, utilizar *double-stops* pode permitir-lhe tocar com entusiasmo e ser ouvido, enquanto também caracteriza eficientemente o som dos acordes na sua parte da guitarra.

O exemplo a seguir aborda os oito primeiros compassos da faixa e utiliza *double-stops* nas cordas Sol e Si, para criar uma bela melodia.

Exemplo 10d:

O Exemplo 10e apresenta outra abordagem de guitarra solo no rockabilly, que é a de *arpejar* um voicing de acorde sonoro. Como no exemplo anterior, isso adicionará mais força do que tocar notas isoladas.

O voicing utilizado é uma extensão do desenho de C, desenhado nas quatro primeiras cordas.

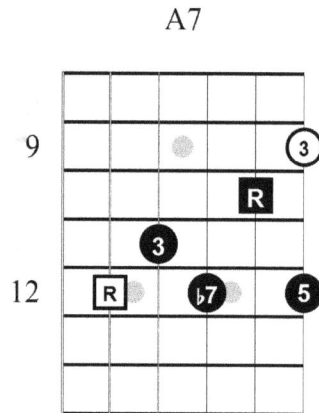

A7

Como a faixa resolve em E maior, utilizei alguns *bends* mais melódicos com a escala pentatônica maior de E para finalizá-la lindamente.

Exemplo 10e:

O próximo lick tem como inspiração James Burton, o guitarrista de Elvis (respeitado guitarrista de country), para apresentar a parte final da progressão. Essa parte é visual: mova-se para a 7ª casa com o acorde de B, então vá para a escala pentatônica menor de E com o acorde de A.

Ouça o áudio atentamente, visto que a nota do *bend* na 10ª casa é palhetada repetidamente, enquanto é feito um *release* gradual. Para conseguir autenticidade, as notas devem ser tocadas staccato (curtas). Isso pode ser alcançado com a alternância entre a palheta e o dedo 2.

A segunda metade do lick desce no braço, para a posição aberta (cordas soltas) e descende até a escala blues de E, com um C# adicional para dar um pouco de cor.

Exemplo 10f:

Na primeira repetição da progressão, os licks ficam um pouco mais difíceis, com mais notas e mudanças rápidas de posição.

O lick do exemplo 10g começa com *double-stops* inspirados do rock, que não soariam estranhos num solo de Chuck Berry. No terceiro compasso, toco juntas a sexta (C#) e a terça menor (G), antes de fazer um *bend* levemente agudo na corda Si.

A segunda metade do lick descende no modo mixolídio de E, com a adição da terça menor, e termina na sétima menor (D) do acorde de E maior.

Exemplo 10g:

O próximo lick começa na escala country de E, mas, próximo do fim do segundo compasso, muda para uma série de sextas descendentes, antes da resolução com um *bend* em contraste com a corda Mi solta.

Exemplo 10h:

Baseado no acorde de A maior há um lick reminiscente de Albert Lee. O lick acontece em três seções óbvias: a ideia descendente no modo mixolídio de A no compasso um, o lick com cordas soltas no compasso dois e as sextas ascendentes próximas do final. O estilo de Albert é muito baseado em posições, mas soa tudo, menos "encaixotado".

Exemplo 10i:

Ao retornar ao acorde de E maior, você encontrará um lick que começa na corda Mi solta (6ª corda) e apresenta escala pentatônica de E maior. Para adicionar tempero a essa ideia, tercinas são tocadas nas batidas dois e quatro, colocando uma nota de passagem cromática entre as duas notas.

Exemplo 10j:

Finalmente, baseado nos acordes de B maior e A maior, demonstrei uma forma de adicionar tensão cromática a um solo. Com o acorde de B maior, abordo, em um semitom abaixo, a terça (D#), antes de tocar a quinta (F#). Esse fragmento de três notas se repete cinco vezes com o posicionamento da nota sendo diferente a cada vez.

Com acorde de A maior, utilizamos a escala blues de A, antes de ascendermos para terminar com um vocabulário mixolídio clássico, com base no desenho de E.

Exemplo 10k:

Capítulo Onze – Faixa de Outlaw

O solo final desse livro foi muito influenciado pela música outlaw e pelas tradições do country *truck-driving*. Artistas como: Waylon Jennings, Merle Haggard e David Allen Coe eram conhecidos pelo seu som de outlaw, portanto me baseei nessas influências, além do country neotradicional de artistas como Alan Jackson e George Strait.

Para misturar as coisas, essa faixa está na tonalidade de G, o que significa que o acordes I, IV e V serão o G maior, C maior e D maior. Primeiramente, no entanto, há o riff que forma a base da faixa. Ele requer uma palhetada híbrida nos *double-stops* e utiliza as notas do modo mixolídio de G do começo ao fim.

Exemplo 11a:

O verso pode ser tocado como uma parte acústica ou na guitarra elétrica. Primeiro, veremos a parte acústica que lhe dá uma boa ideia da harmonia e forma um padrão de 12 compassos em G. O segredo aqui é que o padrão de palhetada ajuda a levar a música adiante, sem atrapalhar os outros instrumentos.

Exemplo 11b:

A seguir, a parte da guitarra elétrica tem influência do riff da introdução.

Com o acorde de C maior, a mesma ideia básica é utilizada, mas dessa vez em um grupo mais alto de cordas. A segunda metade do compasso ascende para tocar ao redor do desenho de G.

Sobre o D, toquei o acorde Dadd11 (que é na verdade um C maior aberto posicionado duas casas acima). O "add 11" do acorde é quando a décima primeira é *adicionada* a um acorde maior (como oposto a um acorde sus, onde a quarta *substitui* a terça).

Exemplo 11c:

Há uma pequena ponte antes de o solo começar. Primeiro, dê uma olhada na parte acústica e simplesmente toque os acordes para familiarizar-se com as suas mudanças.

Exemplo 11d:

A parte da guitarra elétrica é mais discreta nessa seção, mantendo-se ligada aos acordes e utilizando o Dadd11 da seção anterior.

Exemplo 11e:

O primeiro lick do solo apresenta o acorde de G maior, que começa com um *bend* na 10ª casa inspirado na guitarra pedal steel, da segunda até a terça, e em seguida toca a quinta na corda Mi (1ª corda).

A segunda metade do lick desce no braço utilizando terças nas cordas Sol e Si, para terminar o lick com o desenho de E. O lick apresenta uma típica mistura da pentatônica menor com uma terça maior adicional.

Exemplo 11f:

```
G
full full full full full
10  10  10  10  10
  10  10  10  10  10  8
              9      8  6  3-6-3      3
                     9    7        5   5-3  4
                                            5
```

A segunda parte do solo vai até o acorde de C maior e volta para o G maior. Para delinear o C maior, há um movimento até a área da 8ª casa (desenho de E), um *hammer-on* da terça menor até a terça, e a utilização do modo mixolídio de C para delinear o som do acorde.

A segunda parte do lick volta para o G maior e é delineada com algumas sextas descendentes do modo mixolídio de G.

Exemplo 11g:

```
C                                    G
          8                                        7-6-5-3
    8-9  8  11-10-8                    8    6       6-5-4
  8-9          10   8-9            9      7   7
                       10    8
```

Os próximos dois compassos apresentam a mudança do D maior para o C maior. Para salientar essa mudança, começo no desenho de A, faço um *slide* da terça menor (F) para terça (F#) do acorde de D. O resto desse compasso apresenta notas do modo mixolídio de D, seguidas por um *slide* para a terça de C (E) e uma ascensão na pentatônica maior de C.

A segunda metade do lick é típica de músicos populares de country como Johnny Hiland, com sextas tocadas nas cordas Lá e Sol, enquanto se faz um *bend* de um tom na nota posicionada mais acima no braço.

Exemplo 11h:

A repetição começa na 12ª casa, com a escala pentatônica maior de G. A segunda metade do lick começa ao redor do desenho de A, com mais movimentos da terça menor para a terça.

Exemplo 11i:

O próximo lick utiliza duas posições em C maior, começando com o desenho de D, seguidas por um movimento ascendente para o desenho de C no segundo compasso.

A segunda metade do lick é baseada no acorde de G maior e move-se para o desenho de E na parte de cima do braço, com *bends* da sétima menor até a tônica e com a terça sendo tocada na corda Mi (1ª corda).

Exemplo 11j:

O lick seguinte delineia os acordes de D maior e C maior, antes de resolver no G maior para terminar o lick. Ele começa da mesma forma que a ideia com o C maior, mas agora é tocado um tom acima para encaixar o D maior. O segundo compasso termina com um clichê clássico de bluegrass, já tocado inúmeras vezes.

Exemplo 11k:

O último lick delineia os acordes na ponte com *double-stops* e *bends* do tipo guitarra pedal steel. Os dois últimos compassos exigem atenção, visto que você deve pressionar as cordas Sol e Si, enquanto toca diferentes notas na corda Mi (1ª corda).

Exemplo 11l:

Conclusão

Após estudar as ideias deste livro, você estará no caminho para tocar com excelência a guitarra country. Levar esses conceitos ao próximo nível exigirá prática, portanto eu gostaria de oferecer-lhe algumas dicas para ajudar-lhe a focar nas coisas que acredito ser de mais importância.

Música não tem a ver com velocidade, mas sim com contagiar pessoas. Às vezes isso exigirá velocidade, talvez para dar excitação… mas o *tom* é sempre o rei. Passe algum tempo ouvindo as notas que você está tocando e perceba como elas *soam*. Compare a projeção ouvida nos guitarristas ciganos, ao palhetar levemente com a ponta da palheta. Configure o seu amplificador no clean e teste diferentes palhetas, dinâmicas e direções de palhetada. Consigo um tom particularmente forte, ao pressionar a palheta para baixo contra a corda, na direção do captador.

O tempo também é incrivelmente crucial. Além de praticar as faixas inclusas, utilizar um metrônomo e treinar o *seu pé* para contar cada batida melhorará muito o seu ritmo e fraseado, no longo prazo.

Lembre-se: o pé bate no tempo, com o pulso do metrônomo, e você *toca com base no pé*. Você não bate o pé junto com o que você está tocando! O pulso é a força vital da música e o seu pé dir-lhe-á onde ele está.

Ademais, tente praticar com o metrônomo pulsando nas batidas 2 e 4, como uma caixa tocando no *backbeat*. Isso é especialmente útil nos tempos rápidos, visto que o seu pé não se moverá como o de um baterista de Heavy Metal no bumbo! Isso parece desajeitado no início, mas melhorará muito a sua habilidade de manter-se no tempo.

Finalmente, aqui está uma sugestão de playlist com alguns álbuns de country essenciais em qualquer coleção. A beleza de um gênero com tanta história é que você encontrará muitas coleções do tipo "as melhores de" por um bom preço, portanto não hesite em dar-lhes uma chance.

Alan Jackson – The Greatest Hits Collection

Albert Lee – Live at the Iridium

Andy Wood – Caught Between the Truth and a Lie

Brad Paisley – Time Well Wasted

Brent Mason – Hot Wired

Buck Owens – The Very Best of Buck Owens – Vol. 1

Buddy Emmons – Amazing Steel Guitar

Chet Atkins – The Essential Chet Atkins

Ernest Tubb – Texas Troubadour

Hank Williams – The Best of Hank Williams

The Hellecasters – The Return of The Hellecasters

The Hot Club of Cowtown – What Makes Bob Holler

Jerry Reed – The Unbelievable Guitar and Voice of Jerry Reed

Keith Urban – Days Go By

Maddie & Tae – Start Here

Merle Haggard – The Very Best of Merle Haggard

Merle Travis – Sixteen Tons

Pistol Annies – Annie Up

The Time Jumpers – The Time Jumpers

Boa sorte na sua jornada, eu espero que você tenha gostado desses primeiros passos e estou ansioso para ver você em outro livro.

Sobre Levi Clay

Desde que se graduou pela University of East London, com habilitação tanto em performance como em educação, Levi Clay tem sido uma força irresistível na cena internacional de guitarra.

Tendo trabalhado como escritor, professor, transcritor, jornalista e artista para várias empresas, faz sentido que as paixões musicais de Levi sejam tão variadas como as suas habilidades.

Mesmo viajando o mundo como escritor, Levi é um contribuidor regular na Guitar Interactive Magazine, tanto como uma personalidade na tela como ghost writer.

Como professor, Levi é conhecido por sua coluna mensal Beyond Blues na Premier Guitar Magazine, junto com sua coleção de DVDs lançados pela LickLibrary. Ele ainda dá aulas a um seleto grupo de alunos de todo o mundo via Skype.

O seu trabalho com transcritor o tem mantido em evidência e em demanda, fazendo com que ele trabalhe para várias revistas, editoras, artistas e sites.

Com o lançamento de dois álbuns em 2015 ("Out of the Ashes" e "Into the Whisky") através de uma bem-sucedida iniciativa de financiamento coletivo, Levi continua diretamente conectado com os seus fãs e seguidores, através do Patreon e YouTube.

Acompanhe-nos:

Para mais de 350 Aulas de Guitarra Gratuitas com Vídeos Acesse:

www.fundamental-changes.com

Levi Clay Twitter: **@LeviClay88**

Mais de 10.000 curtidas no Facebook: **FundamentalChangesInGuitar**
Marque-nos no Instagram: **FundamentalChanges**

www.ingramcontent.com/pod-product-compliance
Lightning Source LLC
Chambersburg PA
CBHW081428090426
42740CB00017B/3232